译文科学

科学有温度

DESMOND MORRIS

THE HUMAN ZOO

人类动物园

[英]德斯蒙德 · 莫利斯 著
何道宽 译

上海译文出版社

谢　词

与前一部《裸猿》一样，《人类动物园》针对一般读者，所以它不征引权威的论述。但在撰写的过程中，我参阅了许多精彩的原创性论文和著作，所获良多，岂能不谢？书后的附录按章节列举了一些权威的文献，读者可以用这一附录到“主要参考文献”里去搜寻比较详尽的信息。

许多同事和朋友以讨论、通信等方式给予了帮助，特此感谢。帮助的方式各有不同，有些直接与本书的某一点相关，有些给我的启发则比较间接，常常是在一段时间里影响我的思想，帮助我厘清一些观点。《人类动物园》是一个大课题，我们难以在这里开列一个详尽无遗的帮助者名单，特别要感谢的有：Dr. Anthony Ambrose，Mr. Robert Andrew，Mr. David Attenborough，Mr. Kenneth Bays，Prof. Misha Black，Dr. David Blest，Dr. N. G. Blurton-Jones，Mr. James Bomford，Dr. John Bowlby，Mr. Richard Carington，Sir Hugh Casson，Dr. Michael Chance，Dr. Richard Coss，Dr. Christopher Evans，Prof. Robin Fox，Prof. J. H. Fremlin，Dr. Fae Hall，Prof.

Harry Harlow, Mrs. Mary Haynes, Prof. Heinin Hediger, Prof. Robert Hinde, Dr. Jan van Hooff, Sir Julian Huxley, Prof. Jancy Ironside, Ms. Devra Kleiman, Dr. Adriaan Kortlandt, Prof. Konrad Lorenz, Dr. Malcolm Lyall-Watson, Dr. Gilbert Manley, Dr. Issac Marks, Dr. Tom Maschler, Dr. L. Harrison Mathews, Lady Medway, Mrs. Ramona Morris, Sir Herbert Read, Dr. Fances Reynolds, Mrs. Claire Russel, Prof. Arthur Smailes, Mr. Peter Shepherd, Dr. John Sparks, Dr. Anthony Storr, Mr. Fran Taylor, Dr. Lionel Tiger, Prof. Niko Tinbergen, Dr. Nevil Tronkin-James, Mr. Ronald Webster, Dr. Wolfgang Wickler, Miss Pat Williams, Dr. G. M. Woddis and Prof. John Yudkin.

必须说明，列举以上女士、先生的大名旨在表示感谢，并不意味着他们必然同意我在书里表达的观点。

序　言

现代生活的压力加重时，受到骚扰的都市人常常把这个熙熙攘攘的世界称为水泥丛林。描绘密集都市社群的生活模式时，这不失为色彩斑斓的一笔，但又是很不准确的一笔，凡是研究过丛林的人都会证实我的判断。

在正常情况下，在自然栖息地里，动物不会自残、自渎、攻击幼崽，不会患胃溃疡、恋物癖、肥胖病，也不会结成同性恋的配偶，亦不会杀戮。在都市人的身上，这一切都发生了。那么，这是否揭示了人类与其他动物的根本区别呢？乍一看是这样的。但这样的现象有一定的欺骗性。在某些情况下，其他动物的确表现出这样的行为——当它们在不自然的情况下被囚禁起来、受到限制时，就会出现这样的现象。动物园笼中的动物表现出的一切反常的行为，我们从人类身上已经熟知。显然，都市不是水泥丛林，而是人类动物园。

我们要做的比较不是都市人和野生动物的比较，而是都市人与圈养动物的比较。现代人不再生活在自然的环境里。他落入了陷阱，不是动物管理员的陷阱，而是他自己的聪明才智造就的陷阱。他把自己囚禁在一座庞大的、狂躁不安的动物园里，他随时处在危险之中，可能在紧张压力下崩溃。

然而，尽管有压力，好处还是很多。这一动物园就像巨人式的父母，保护其成员：有吃有喝，遮风避雨，医疗卫生等诸多条件齐备，生存的基本问题减少到最低限度，还有空余时间。至于这样的闲暇时间如何用于非人类动物园的环境，各个物种的情况自有不同。有些动物静悄悄地休息，一边晒太阳一边打瞌睡；有些觉得长期的不动越来越难以接受。如果你是人类动物园里的动物，你必然属于这第二个范畴。你的天性是探索，你的大脑富有创造力，你觉得长时期无所事事的日子难熬。环境驱使你从事越来越多精心安排的活动。你会进行研究、组织和创造，但你最后却一头扎进这个囚禁你的动物园，越陷越深。每一点新的收获都使这个世界更加复杂，都会使你进一步远离自然的部落状态，即你的祖先生活了上百万年的状态。

现代人的故事就是苦苦挣扎的故事，他要对付在艰难行进中遭遇的不尽如人意的后果。这一画面既模糊不清又令人困惑；部分原因是，我们卷入其中，扮演了双重角色，既是看客，又是参与者。如果我们从动物学家的立场来看这一幅画，也许它会比较清晰，这就是我将要在本书里尝试的观察。大多数情况下，我有意识地挑选西方读者熟悉的例子，但这并不是说，我的意向是使本书的结论仅仅和西方文化相关；相反，一切迹象表明，本书所论的深层原理适用于全世界的都市人。

倘若我之所论似乎是在说“回头走，你正在逼近灾难”，请让我向你担保，我没有这样的意思。在无情的社会进步中，我们释放出强大的创造力和探索性冲动，成就辉煌。这些冲动是我们生物遗传的基本属性。其中没有任何刻意为之的、不自然的东西。它们留给我们许多弱点，又赋予我们强大的力量。我尝试说明，如果耽于这些冲动，我们所要付出的代价会越来越大；同时又说明，无论代价多大，我们都在用富有创造性的办法来对付它。赌注越来越大，游戏越来越冒险，伤亡越来越惊人，节奏快得令人喘不过气。然而，尽管危机四伏，这却是世人闻所未闻的最激动人心的游戏。如果暗示有人会吹哨要求暂停，那是愚蠢之举。但游戏的方法多种多样，如果我们对游戏人的本性有更好的了解，那就可能使游戏更有价值，同时又不会使之更加危险，更不会最终给全人类酿成大祸。

目　录

第一章

原始部落与超级部落

请想象一块方圆20英里的土地，蛮荒，栖息着大大小小的动物。再想象聚居在这块土地中央的一群人，60人。想象你自己坐在那里，就是那个小部落里的一员，周围的景色望不到尽头。除了你这个部落，再也没有人使用这一空间。这是你的专属家园，部落的狩猎场。男人经常外出打猎，女人采集果实，儿童在营地周围嬉闹，模仿父辈的狩猎技巧。如果部落万事如意，人口膨胀，一群人将会出走，到一片新的领地去殖民。就这样，人这个物种一点一点地在广阔的地区逐步定居下来。

请想象一块方圆20英里的土地，已经完成文明进程，里面塞满机器和建筑物。再想象聚居在这块土地中央的一群人，600万人。想象你自己坐在那里，庞大的都市纷繁复杂，在你四周铺展开来，一望无际。

比较这两个画卷：第二幅画里的10万人对第一幅画里的1个人。用漫长演化的术语说，这一戏剧性变化几乎是一蹴而就的，从第一景到第二景的变化只用了几千年。人这个动物似乎适应这异乎寻常的新情况，干得很漂亮，但他还来不及完成生物学意义的变化，来不及演化成为在基因层次上文明化了的新物种。这个文明化进程完全是依靠学习和条件反射实现的。从生物性上讲，人仍然是第一场景里描绘的那个简单的部落动物。他那样生活，不是几百年，而是整整100万年，艰难度日。在那个时期，他的确完成了生物意义上的变化。那是气象万千、叹为观止的变化。生存的压力很沉重，正是这沉重的压力塑造了他。

在过去几千年城市生活的岁月里，文明人拥挤不堪，这些岁月里发生的事情数不胜数，我们很难理解这只不过是人类故事的一小部分。人类的故事对我们来说如此熟悉，以至于我们迷迷糊糊地认为，我们是一步一步慢慢走过来的，所以，我们的生物学装备非常齐全，能够对付一切新的社会危险。然而，如果我们强迫自己冷静思考，我们就不得不承认，事实并非如此。我们令人难以置信的可塑性、天才的适应性仿佛能够对付一切危险，但那仅仅是表象。朴实的部落猎人穿着他的新服饰，尽力做出一副轻松自如、得意扬扬的样子，但那身复杂、笨拙的衣装老是把他绊倒。不过，在我们审视他的行为之前，让我们先看看他是如何将那神奇而非凡的文明缝合在一起的。

首先，我们要将温度下调，直到我们回到冰河期，大约是 2 万年前。我们远古的猎人祖先已经遍布旧世界的很大一部分地区，即将从东亚跨入新世界。如此惊人的扩张意味着他们简单的狩猎生活方式已经超过了他们的对手食肉动物们。这不足为奇，想想看，我们冰河时代的祖先的脑容量已经和今天的我们一样大、一样发达了。从颅骨构造来看，他们和我们几乎没有差别；从体质上来看，现代人已经登场。实际上，如果可能的话，借助时间机器，你可以领养一个冰河时代猎人的新生儿，把他当作自己的孩子，是否有人能察觉这一骗局是值得怀疑的。

那时，欧洲气候严酷，但我们的祖先与气候的斗争颇为成功。他们用极简陋的技术捕杀大型动物。幸运的是，他们给我们留下了狩猎技能的证据；在他们居住的洞穴地面上，我们搜寻到他们偶然留下的残留物，而且，在洞穴的石壁上，他们还留下了令人震惊的壁画。壁画中描绘的毛发浓密的猛犸象、披毛的犀牛、野牛和驯鹿无疑说明了那时的气候多么寒冷。今天，从黑黝黝的洞穴里出来步入炎热的乡间时，你真的难以想象，这里曾经有皮毛厚实的动物栖息。那时和如今气候的巨大差异就在脑海里生动地呈现出来了。

最后一次冰河期快结束时，冰层以每年 50 码的速度向北移动，在这个寒冷国度生活的动物也随之退往北方。丰茂的森林取代了寒冷的苔原景观带。大冰期大约在 1 万年前结束，预示人类发展的新纪元即将到来。

突破发生在非洲、亚洲和欧洲接壤的地方。在地中海的东部，人的进食行为发生了一点小小的变化，改变了人类进步的整个进程。这一变化微不足道，也足够简单，但其影响却是巨大的。今天我们把这一变化视为理所当然了：我们称之为农业。

此前，一切人类部落都用两种方式填饱肚子——男人猎取动物性食物，女人采集植物性食物。食谱的平衡靠共享食物。实际上，部落里所有活跃的成年人都采猎食物。食物储存相对较少。他们只在需要的时候出去收集他们想要的食物。当然，这样的生活并不像听起来那样危险，因为和今天庞大的人口比较，那时全世界的人口数量是微不足道的。虽然这些远古的狩猎人/采集人极为成功，遍及地球很大一部分地区，但部落的规模却很小，结构也简单。在数十万年的演化过程中，人在体力和脑力、身体结构和行为举止上都越来越适应这样的狩猎生活。他们迈出了新的一步，进入农业生产的一步，这使他们越过了一个意想不到的门槛，迅速进入一种全然陌生的社会存在形式，以至于根本来不及演化出与之配套的由新的基因控制的属性。自此，他们的适应力和行为的可塑性，他们通过学习和调整以适应陌生和复杂生存方式的能力，将要接受全面的考验。城市化和城市生活的错综复杂离他们只有一步之遥了。

幸运的是，长期的狩猎学徒工作培养了人的聪明才智和互助系统。诚然，人类猎人有与生俱来的竞争力和自信心，就像他们的猴类祖先一样，但日益增长的合作欲望强制性地削弱了他们的竞争性。要与食肉动物世界里地位牢固、锋牙利爪的专业杀手——比如大型的猫科动物——激烈竞争，成功的唯一希望就是合作。人类猎人的合作精神随着他们的智力和探索天性的发展而发展，两者的结合被证明是有效的，也是致命的。他们学得快、记得牢，善于将过去的学习要素组合起来解决新问题。如果说当他们踏上艰苦的狩猎征程时，合作精神有助于他们在远古时代的生存，此刻，当他们站在新的门槛上，面对更加复杂的社会生活形式时，合作精神就更加重要，成为生存必需了。

地中海东部是两种重要植物的原产地——野小麦和野大麦。这个地区还有野山羊、野绵羊、野牛和野猪。在这个地区定居的狩猎人/采集人已经驯化了狗，但狗首先是用作猎人的伙伴和看家狗，而不是当作食物。真正的农业始于小麦和大麦的栽培。接着，山羊和绵羊被驯化，稍后，牛和猪也被驯化。很可能，这些动物起初受栽培作物的诱惑来进餐，捕捉后饲养起来成为盘中餐了。

稍后，地球上两个地区出现了两个独立演化的文明——南亚和中美洲，这并不偶然。在这两个地区，狩猎人/采集人也发现了适合栽培的野生植物——亚洲的水稻和美洲的玉米。

在石器时代晚期，动物的驯化和植物栽培非常成功。从那时起直到今天，栽培作物和家畜一直是大型农业文明的主要食物来源。农业的伟大进步是机械的进步，而不是生物学上的进步。然而，真正对我们这个物种产生重大影响的，最初只是早期农业生产的剩余产品。

回过头看，这一点容易解释。农业到来前，凡是想要分享食物的人都必须要参与采集和狩猎。实际上，部落要全体动员。猎人的头脑有前瞻性，他们要规划狩猎的计谋；当他们把注意力转向栽培作物的组织、土地的灌溉和猎物的驯化时，他们取得了两大成就。这是空前的成就，开天辟地第一次，他们不仅获得了源源不断的食物供应，而且还获得了定期而可靠的剩余食物。剩余食物的产出是一把钥匙，打开了通向文明的大门。最后，人类部落能够养活的人口超过了获取食物所需的人口。部落不仅规模更大，而且可以腾出一些人去完成其他任务：不是在业余时间里从事的工作，或者围绕采猎食物的优先需要而展开的任务，而是可以投入全部时间独立发展的活动。专业分工的时代开始了。

从这些文明滥觞之地成长出第一批城镇。

上文说过，这个过程不难解释，其意思是我们回头看时，不难找到至关重要的因素，不难看清迈出人类故事里下一步的关键因素是什么。当然，这并不是说，在当时那一步很容易。的确，狩猎人/采集人是了不起的动物，充满了待开发的潜力和能力，我们在今日世界的地位就是充分的证明。但他演化成了部落猎手，而不是耐心、好静的农夫。他富有远见卓识的头脑能谋划狩猎，懂四季的变迁，这也是事实。但若要成为成功的农夫，他还必须进一步拓展他的远见，使之超越过去的经验。狩猎的策略还必须变成农耕的策略。这一目标达成以后，他还要再进一步开发脑力，以便应付富裕带来的社会复杂性，应付村落变成城镇以后的新情况。

当我们谈到“城市革命”时认识到这一点很重要。“城市革命”这一说法给人的印象是。城镇在这个地区一夜之间拔地而起，奔向一种给人深刻印象的新型社会生活。事实并非如此。旧的生活方式僵而不死，迟迟不退场。实际上，在今日世界的许多地方，旧的生活方式依然存在。许多当代文化还停留在新石器时代的农耕水平，在南非的卡拉哈里沙漠、澳洲北部和北极地区，仍然可以看到旧石器时代的狩猎人/采集人社群。

最早的城市发展、第一批城镇并不是像皮肤起疹子那样突然从史前社会里冒出来，而是少数微小、孤立的聚居区。它们在西南亚的出现是戏剧性的例外，而不是普遍的规律。用今天的标准来衡量，它们很小，其模式传播得很慢，非常慢。每一座城镇以一个高度地方化的组织为基础，和周围的农田联系紧密，且受其束缚。

起初，城镇中心之间几乎没有什么贸易或联系。贸易和联系是下一个伟大的进步，它需要时间。这一步的心理障碍显然是失去本地认同。与其说这个例子讲的是“失去首领的部落”，不如说是首领拒绝失去自己的部落。人这个物种演化成了部落动物，部落的基本特征就是，它们的运行是局部的，个人之间的。这是古人类典型的特征，对古人而言，摒弃这一基本的社会模式是难以接受的。从另一个意义上说，加快变革步伐的是高效的粮食收割和运输。农业发展了，城镇精英不用参加生产劳动，他们开始集中脑力思考其他新问题；城镇网络的最终兴起，相邻的城镇结成分等级的组织关系，乃是必然的结果。

8 000 多年前，最早的城市在杰里科[①]出现，但第一个充分发展

① 杰里科（Jericho），今巴勒斯坦城镇，位于死海以北的西岸地区。——译者

的文明在离它很远的东方，在叙利亚沙漠里的苏美尔地区。在 5 000—6 000 年前，第一个帝国诞生，由于文字的发明，史前史便结束了。城际合作兴起，首领成为行政人员，役畜（与用于肉食的动物区别）驯化了，纪念碑式的建筑出现了。

用我们今天的标准来衡量，苏美尔城市很小，其人口数量在 7 000 和 20 000 之间。但那简单的部落人已经有了长足的进步。他们成了公民、超级部落人，关键的差异是，在超级部落里，人不再认识社区里的所有人。这一变化是从个人的社会向非个人的社会的转变，在未来的千百年里，这一转变给人类带来了最大的烦恼。作为一个物种，我们在生理上没有能力应付大量伪装成我们部落成员的陌生人。这是我们不得不学习的能力，但学起来不容易。稍后，我们将看到，我们至今还在以各种隐蔽的方式与之作斗争——当然有些斗争方式也不是那么隐蔽。

由于人类社会生活膨胀到超级部落水平是人为的，因此有必要创造更精细的控制形式去将庞大的社群团结在一起。为获取超级部落里大量的物质利益，人们不得不在纪律上付出代价。在地中海周边等地的古文明里，技术和艺术日益繁华，同时，行政和法律也日益臃肿和复杂。

这是一个缓慢的进程。我们今天惊叹这些文明的遗存是多么宏伟，我们很容易设想它们拥有庞大的人口，其实不然。以超级部落的人头算，发展是渐进的。迟至公元前 600 年，最大的城市巴比伦也不过有 80 000 人。古典时期的雅典只有 20 000 公民，其中只有 1/4 是真正的城镇精英。整个雅典城邦的人口，包括外邦商人、奴隶、城乡居民，加在一起也不过 70 000—100 000 人。这一数字比今天的大学城——比如牛津或剑桥的——人口还要略少一些。跟现代的大都会当然更不可比：今天 100 万以上人口的城市就不止 100 座，最大都市的人口超过了 1 000 万。现代雅典的人口也不少于 1 850 000 了。

如果古代城邦要更加辉煌，它们不可能只依靠本地产品，它们必须要用两种方式拓宽供应渠道：贸易或征服。罗马双管齐下，重点放在征服上，它以毁灭性的行政和军事效率发动征服战争，建立了前所未有的大城市，其人口接近 50 万，并确定了一个模式，在接下来的几个世纪里回响。这样的回响至今不绝于耳，不仅反映在组织者、操纵者和创造性人才的脑力劳动中，而且反映在百无聊赖、寻求感官刺激的城市精英身上，他们人数太多，以至于容易变质并产生破坏效果，他们不惜一切代价取乐。在罗马帝国的城里人身上，我们已经能够看到今天超级部落人的原型。

我们以古罗马为例来讲述城市的故事。它到了人类社会的这样一个阶段——社群太大、人口太密，从动物学的角度来说，罗马人已经进入现代状态。诚然，在以后的千百年里，故事情节越来越复杂了，但基本上还是老样子——人口更密集、精英更精明、技术更发达；城市生活的挫折和压力更加严重；超级部落的冲突更加血腥。人太多了，这就是说，有人能空闲出来，有人能被浪费。人际关系在大群体里消失了，人越来越冷漠，与此同时，人对人的非人道行为多到了恐怖的程度。然而正如之前所说，冷漠的人际关系并不是生物学上的人际关系，所以这并不奇怪。奇怪的是，膨胀的超级部落居然存活了下来，而且还活得很好。这不是我们稳坐在 20 世纪就应该轻松接受的，这是我们应该惊叹的事实。这是一个令人惊叹的证据，说明我们这个物种有着令人难以置信的创造才能、坚韧意志和可塑潜能。我们究竟是怎么做到的？作为动物，我们只有一套在长期的狩猎生活里演化出来的生物学特征。答案必定隐藏在这一套生物学特征里，以及我们能够利用和操弄它们的方式，使之不至于像表面上看上去那样严重地扭曲这些特征。我们必须要更加仔细地审视这些特征。

记住我们的猴类祖先，现存猴类的社会组织给我们提供了一些富有启迪意义的线索。在高级灵长类的猴群中，强大而霸道的个体凌驾于其他猴子之上，这一现象普遍存在。弱小的成员接受从属的角色，它们不会钻进丛林去另立山头。群体数量多，力量就大，安全就有保障。当然，当群体数量太大时，分出的一群就会出走，但孤立个体单独生存的情况是反常的。群体一道迁徙，一道生活。这种忠诚并不仅仅是猴王强制暴政的结果。诚然，猴王可能是霸主，但它们也扮演着守护者和保护者的角色。当外来的威胁逼近，比如饥饿的肉食动物来攻击时，它们总是最积极奋起防御。面对外来挑战时，处于顶端的雄性必然要集合起来去迎接挑战，内部的纷争就被搁置了。但在其他时候，群体内的积极合作只维持在最低限度。

回头说我们人这种动物，我们看到，那套基本的系统——对外的社会合作和对内的社会竞争——对我们同样适用，不过，我们的远古祖先被迫挪动那个平衡点。从采集果实到狩猎是异常艰巨的斗争，要求更有效、更积极的内部合作。成长过程中的狩猎猿面对的外部世界，除了偶尔的恐慌，几乎无时无刻不向他提出挑战。结果就发生了根本的转向：互相帮助，共享资源，合并资源。这并不是说，早期人类开始像鱼群一样一起行动；生活远比这复杂。竞争关系和领属关系仍在，这有助于提供动力，减少优柔寡断，但专制的权威受到严重削弱。微妙的平衡实现了；我们看到，这种平衡将大获成功，使早期的猎人分布到地球的大部分地区，虽然他们在漫漫征途上只拥有最低限度的技术。

微型部落发展成为超级部落以后，这一微妙的平衡受到了什么影响？由于个人对个人的部落模式丧失了，竞争/合作的摆锤开始危险地来回摆动，并从此一直剧烈摇摆。超级部落的部属成为缺乏人情味的人群，最急剧的摇摆指向专横和竞争一边。密度过大的城镇群体成为受害者，他们迅速且反复沦为极度膨胀的专横、暴政和独裁的猎物。超级部落产生超级领袖，相比而言，他们行使权力时使昔日猴王显得像仁慈的君主；同时还以奴隶的形式产生了超级下属，奴隶表现出的极端形式的屈从使最卑贱的猴子的服服帖帖都相形见绌了。

以这种方式统治超级部落，一位独裁者是不够的。即使他有最致命的技术比如武器、地牢和酷刑来帮助他强制维持大众服从的局面，如果他要使那生物摆锤固定在一边，他还需要大批追随者。这样做之所以可能，那是因为其追随者像领导者一样感染了超级部落缺乏人情味的病症。他们凭借的手段是在超级部落内组建亚群体或假性部落（pseudo-tribe），在一定程度上使合作意识平息。每个人都与一小群社会群体或专业群体建立了古老的生物类型的个人关系网。在群体内部，个人可以满足自己对互助和共享的冲动。如此，他就可以比较心安理得地看待其他的亚群体比如奴隶，将其视为群外人，不受他的保护。社会双重标准随之产生。这些新型亚群体隐蔽的危害在于，它们使用无人情味的方式处理个人关系成为可能。主人可能熟悉他的下属比如奴隶、仆人或农奴，但他把下属放进另一个社会范畴，所以他仍然可以虐待下属，像对待他不认识的暴众一样。

权力即腐败，但这仅是部分真理。极端的征服同样使人腐败。当生物—社会摆锤从积极合作摆向专横时，整个社会都会腐败。这个社会可能会取得物质上的巨大进步，它可能会运输 4 883 000 吨的岩石去修建一座金字塔，但由于其社会结构畸形，其寿命就屈指可数。你可以事事称霸，统治很长时间，统治很多人，但即使在超级部落的温室里，你的统治也是有极限的。极限达到时，如果那生物—社会摆锤慢慢恢复到中间的平衡点，那就是社会之幸。但更常见的可能性是，摆锤猛烈地晃荡，流血的规模前所未有，那是我们原始的狩猎祖先做梦也想不到的。

人的合作冲动会重占上风，以强大的姿态反复露头，这是文明社会存活的奇迹。许多力量抗衡它，但它不断强势现身。我们可能会认为，这是理性的利他主义战胜兽性弱点的结果，仿佛伦理和道德是现代人的发明。倘若真是这样，我们是否还能活到今天，在这里做这样的断言，那就很值得怀疑了。倘若我们从来就没有与同类合作的基本的生物冲动，我们这个物种就绝不可能存活下来。如果我们的狩猎猿祖先是残酷、贪婪的恶霸，充满“原罪”，人类成功的故事早就消亡了。我们之所以老是需要被灌输这样那样形式的“原罪”教义，原因只有一个：超级部落的非自然环境总是有悖于我们的生物性利他主义，所以“原罪”教义需要得到它所需的一切帮助。

我意识到，有些权威人士对我刚才这番话会持激烈反对的态度。他们认为，人的天性虚弱、贪婪和邪恶，需要严厉的戒律以便使之坚强、仁爱与善良。他们挖苦“高贵野蛮人”的观念，把问题混淆了。他们说，愚昧或迷信里不存在任何高尚的东西，在这个方面，他们是对的。但那只不过是故事的一部分，另一部分是早期猎人对同伴的行为。这里的情景必定截然不同。同情、和蔼、互助，部落内合作的基本冲动必定是早期人群的行为模式，这有助于他们在危险的环境中生存。部落膨胀为冷漠的超级部落以后，古人的行为模式才在压力下开始瓦解。到那时，人为的法律和戒律才必须要强加于人，以矫正失衡的天平。如果强加的力量刚好和新的压力相等，一切皆好；但在早期文明里，人在这方面还是新手，不善于求得微妙的平衡。他们反复失败，遭遇致命的后果。如今，我们已精于此道，不过，这一系统尚不完美，因为超级部落继续膨胀，问题不断出现。

让我用另一个方式来表述。常有人说："法律禁止的，是人出自本能倾向于做的事情。"其顺理成章的推断是，如果有禁止偷窃、谋杀和强奸的法律，那么人这个动物的本性就是盗贼、杀人犯和强奸犯。如此描绘人这个社会—生物物种，公平吗？在某种意义上，这不符合昔日新兴部落猿的动物学形象。遗憾的是，它符合我们这个超级部落的社会画面。

偷窃，大概是最常见的犯罪，就是一个很好的例子。超级部落的成员饱受压力之苦，人为的社会情况向他施加各种压力和重负。大多数超级部落的成员都是陌生人，他和这些人没有个人的、部落的纽带。典型的窃贼不会偷吃窝边草：他不会破坏古老的生物部落规矩；他脑子里瞄准的对象在部落之外。如要抗衡这一冲动，那就必须要强制执行超级部落的法律。我们有时说"盗亦有道""下层社会的规矩"，这凸显出一个事实：我们把罪犯视为超级部落里存在的独立、明显的假性部落。顺便说明，我们处理罪犯的方式值得注意：我们把他们推向边缘，加以限制，囚禁在自由受限、全部是罪犯的社群里。这样的处置颇为有趣。作为短期解决办法，的确有一定的效果，其长期效果却是强化罪犯的假性部落身份，而不是削弱其身份，反而进一步增加了他的假性部落社会交往。

重新考虑“法律禁止的，是人出自本能倾向于做的事情”，我们不妨做这样的修正：“法律禁止的，是文明的人为环境驱使他做的事情。”如此，我们就可以把法律视为求得平衡的手段，法律倾向于制衡超级部落生存造成的扭曲，有助于维护对人而言自然的社会行为，但法律是以非自然的条件发挥这一维护功能的。

但这样的说法失之过简。其言下之意是，领袖人物和立法人是完人。当然，暴君和霸王可能会强加严酷而不合理的法律，他们对老百姓实行不必要的限制——连现有的超级部落情况也不能合理解释的种种限制。弱势的领导实行的法制可能会缺少力度，难以把熙熙攘攘的百姓拧在一起。这两种情况都隐藏着文化灾难或文化衰落。

另一种法律即习惯法和我刚才的主张没有关系，其功能是团结社会，其名曰“隔离律”(isolating law)，它使一种文化与其他文化不同。这些习惯法在法庭上只当配角。它们更大程度上是宗教和社会风俗的关怀。其功能是增加幻觉，使人觉得他属于一个统一的部落，而不是属于一个伸展过度的、熙熙攘攘的超级部落。如果有人批评说，习惯法似乎随心所欲或没有意义，他们得到的回答是，这是传统，必须毫无疑问地服从。最好不要质疑，因为它们本来就是随意的，且常常没有意义；它们的价值在于社群里的人都共同遵守。如果它们减弱，社群的团结也随之削弱。习惯法有许多形式：社会仪式的繁复程序比如婚丧娶嫁、庆祝活动、游行、节日等，社会礼节、礼貌和礼仪，社会风尚、统一制式的装饰和展示等。

民族学家和文化人类学家对这些课题已经做了详细的研究，他们对这些课题的巨大多样性很感兴趣。当然，多样性即一种文化和其他文化的区别正是这些行为模式的功能。但在惊叹其多样性时，我们不应忽略其基本的相似性。风俗习惯和服饰的细节可能会有鲜明的文化差异，但它们具有相同的基本功能和基本形式。如果你给一种文化的社会习俗列一个清单，你就会发现，几乎所有其他文化的社会习俗都是相同的。不同的仅仅是细节，由于细节差异悬殊，以至于有的时候会掩盖一个事实：你面对的其实是相同的基本社会模式。

举一例说明：在有些文化里，丧礼穿黑衣；在另一些文化里，丧服却是白色的。如果你把研究网撒得更大，你就会发现，还有一些文化的丧服是深蓝色、灰色、黄色或棕色。在你的文化里，自童年时代起你就看到黑色总是和死亡及哀悼联系在一起，所以，看到穿黄色或蓝色的丧服时你难免会感到吃惊。因此，当你发现其他地方有人穿这些颜色的丧服时，你可能就会说，他们的习俗与我们截然不同。这里有一个因文化隔离的需要而造成的陷阱。颜色的戏剧性差异是表面现象，肤浅的观察模糊了以下的基本事实：一切文化都举行哀悼的“展示”，一切文化的哀悼展示都要穿一件与非丧服截然不同的服装。

同理，一位英格兰人初到西班牙时，他惊奇地发现，在黄昏时分，城镇和乡村的公共场所人头攒动，显然是在漫无目的地随意溜达。他不会想到这一习俗与他比较熟悉的鸡尾酒会相当，而认为这是一种奇异的地方习俗。在这里我们又看见：基本的生活模式相同，不同的是细节。

类似的例子几乎在一切社群活动里都能够找到，基本原理是，发生场合的社会性越高，细节的差异就越大，初看之下对外人就显得越奇异。最隆重的社会性场合是隔离机制发挥最重大作用的活动，比如登基礼、国葬、舞会、宴会、独立日纪念、授勋仪式、大型运动会、军事检阅、节日和游园会（或同等活动）等。其细节千差万别，每一点细节都极受重视，仿佛参与者的生命都依赖于此。当然，在某种程度上，参与者的社会使命有赖于此，因为只有靠公共场合的言行举止，他们才能够强化并支持自己的社会身份情感，以及他们的文化群体归属感；场面越盛大，强化情感的力度就越大。

成功的革命者有时忽略或低估了这一事实。在根除他们厌恶的旧政权结构时，他们被迫横扫大多数的旧仪式。即使这些旧仪式和被推翻的权力体制没有任何直接关系，它们也很容易使人联想到旧政权，因而必须要予以根除。一些匆忙拼凑的表演也许能取而代之，但一夜之间就发明仪式是有困难的。（基督教运动有一个有趣的事实，其初期胜利在一定程度上和它借用现成的异教仪式有关，结果，它以适当的伪装吸收消化了这些仪式，将其融入自己的庆典。）革命的激情和动荡过去以后，许多人不满意的情绪终将表现出来，因为他们觉得失去了恢宏盛大的革命场面，不过，这种不高兴的情绪在一定程度上是隐蔽的。革命领袖如能预料到这样的问题，他们的胜算就更大。他们的追随者想要打碎的不是一切社会身份的链条，而是某一种社会身份的链条。一旦这种链条被砸碎以后，他们就需要新的链条，不久，他们就不会满足于抽象的“自由”感了。这就是“隔离律”的需要。

社会行为的其他方面也作为凝聚力发挥作用。语言即为其一。我们容易把语言只当作交流的手段，但其作用不止于此。如果它仅仅是交流工具，我们大家就应该操相同的语言。回顾超级部落的历史，很容易看到，语言的反交流功能和它的交流功能几乎是同等重要的。它竖起了许多堵塞群体内部交流的严重障碍，在这一点上，它比其他的社会习俗表现得更加严重。它界定个体的身份，标明他是某一个超级部落的成员，又设置障碍，使他不能叛逃到另一个群体；在这一点上，语言功能之强大无与伦比。

随着超级部落的发展和融合，当地语言被融合，或者被淹没，所以全世界的语言总数在不断减少。但在这个过程中，一个反方向的趋势出现了：口音和方言的社会意义上升了；俚语、流行语和行业语被发明了。超级部落的成员试图通过建立亚群体来强化自己的部落身份，同理，在官方的主要语言内部，一整套广谱“口语”出现了。英语和德语成为身份标记，成为英格兰人和德意志人的隔离机制；同理，上层社会的英语语音使之与下层社会的口音隔离，化学术语和心理治疗术语成为化学家和心理治疗专家的隔离机制。（学术界扮演着教育者的角色，应该献身于交流并视之为最重要的任务，遗憾的是，它表现出伪部落孤立语言，像罪犯的俚语一样极端。其借口是，表达的精确要求他们用专业术语。这当然有一定的道理，但这一点常常搞得太过火了。）

俚语中的行话可以变得非常专业，几乎像是一种新的语言正在诞生。这就是俚语的特征，一旦传播开来成为普通词汇，首先使用它们的那个亚群体就会用新的行业语取而代之。如果整个超级部落都采用了这些行业语，如果它们进入了官方语言，它们就失去了原来的功能。（你现在用于漂亮姑娘、警察或性行为的俚语是否和你父母年轻时所用的俚语完全相同，这是令人怀疑的。但你和你的父母使用的正式语汇还是相同的。）在极端的情况下，一个亚群体完全采用一门外语。比如，俄国宫廷曾经操法语；在英国，你仍然可以看见这样的残存，在高档的饭店里，菜单通常是用法语写的。

宗教的运行和语言的运行大同小异，它强化群体内的纽带，削弱群体间的联系。宗教的作用有一个独一无二的简单前提：强大的力量高高在上，远远超越群体里的个人；人们必须要愉悦这些力量、超级领袖或神祇，必须要平息其怒气，对神祇的崇拜和服从是不容置疑的。因为神祇高于一切，不容置疑，所以其地位就岿然不动了。

起初，神祇的威力有限，其影响范围是分割的，但由于超级部落膨胀到难以管理的规模，所以就需要更大的凝聚力。小神团队的管理力量不能满足需要；一个庞大的超级部落需要一个独一无二、无所不能、无所不知、无所不察的主神。在古代候选的神祇里，经过千百年的汰洗，这种全能的神胜出。在今天小型、落后的文化里，小神仍然存在，但大型文化的成员都转向了单一的超级神。

近年来，作为社会力量的宗教的威力在弱化，这是普遍的共识。原因有两个。首先，它未能发挥作为凝聚力的双重功能。随着人口的增长和膨胀，古老的帝国难以管理，分解为族群。新的超级部落努力确定自己的身份，用上了一切常用的手段。问题是，许多族群有相同的宗教信仰。这就是说，对他们而言，虽然宗教仍然是团结本民族成员的强大力量，但它已失去另一种功能，即削弱民族之间的联系。于是，主要的宗教内部形成了教派。诚然，宗派主义恢复了一些隔离机能，重新推动了宗教仪式的部落化或本土化，但这仅仅是解决宗教问题的部分出路。

宗教失去威力的第二个原因是普及科学教育的水准日益提高，随之产生的要求是，个人应该提出问题，而不是盲目接受教条。基督教遭受了严重的挫折。西方超级部落人日益富有逻辑的头脑难免会发现，基督教显然有一些不合逻辑的地方。也许，其中最重要的是教会领袖的言行不一：一方面，他们教诲教徒要谦虚谨慎、温文尔雅；另一方面，他们却极尽奢华，讲排场，显威风。

除了法律、风俗、语言和宗教外，还有一种更加猛烈的凝聚力形式，这就是战争，它有助于把超级部落的成员捆绑在一起。具有讽刺意义的是，没有什么比一场好的战争更能帮助一个领导者了。胜利使他在当霸主的同时还受敬爱，这是两者皆得的唯一机会。他可以实行最残酷的控制形式，把数以千计的同胞送去当炮灰，同时还被同胞讴歌为伟大的庇护人。外群体（out-group）的威胁使内群体（in-group）的纽带更加牢固，任何力量都难以超越外群体威胁的推动力量。

共同敌人的存在会抑制内斗，统治者不会不注意到这一事实，古今皆然。当过分膨胀的超级部落开始出现裂缝时，一帮强大的“他们”能够迅速缝合这样的裂缝，内外的差别使我们转化为统一的“我们”。领袖如何牢记“他们”和“我们”的对立，如何刻意操弄群体内的冲突，这难以断定，但无论其举措是否故意为之，内部抱团的反应几乎总是因此而发生。只有效率极其低下的领袖才会把这样的事情办砸。当然，他必须要有一个敌人，而且这个敌人的恶棍色彩要涂抹得非常醒目，否则他就可能会有麻烦。令人憎恨的战争被转化为光荣的战斗，这需要一个必备的条件：外来的威胁真的很严重，或者被宣传得很严重。

战争对残暴的领导人很有吸引力，但又有一个不利后果：战争的一方可能彻底失败，而惨败的可能正是他自己。超级部落成员可以感谢战争这一不幸的弊端了。

以上诸点就是对大型城镇社会产生影响的黏合力。每一种力量都产生了特殊的领导人：行政官员、法官、政客、社会领袖、高级祭司和将帅等。在生活比较简单的时代里，他们被通称为一种人——万能的皇帝或国王，能扛起全部领袖责任。然而，那样的时代业已过去；群体已经膨胀，真正的领袖责任总是从一个领域向另一个领域迁移，走向拥有最杰出人才的那个范畴。

在更近的时代里，允许民众在选择领袖时有发言权已经成为一种惯例。这一政治手段本身成了一种宝贵的凝聚力，给超级部落成员更大的“归属”感，使选民觉得自己有一定的影响力。但新领袖当选不久，情况就清楚了：他们的影响比想象的要小，不过，在选举期，宝贵的社会认同的涟漪在社区里荡漾。

作为选举的辅助手段，在地方假性部落层次上，低一级领袖被派往各地去参与政府工作。在有些国家，这不过是一种仪式，因为这些“地方”代表只不过是外地引进的专业人士。不过，在现代超级部落复杂的社区里，这种扭曲是难以避免的。

即使实际上难以兑现，民选代表管理的目标是美好而清晰的。这一目标的基础是部分回归原始部落体制的“政治”，彼时，每个部落人（至少成年男子）在社会管理上有发言权。在一定意义上，他们是共产主义者，强调财产共有，不重视僵化地保护个人财产。财产的保有和给予同等重要。但如前所述，那时的部落很小，每个人都认识部落里的所有人。他们可能会珍视个人财产，但门和锁是未来的东西。然而，部落变成冷漠的超级部落以后，陌生人进来了，严格保护财产成为生活必需，并在社会生活中扮演了更重要的角色；忽略这一事实的任何政治企图都会遭遇相当大的困难。现代的共产主义开始认识到这一点，且已经开始对这一制度做相应的调整。

在一切情况下，另一种调整都是势所必然，其目的是恢复古代部落猎人那种“民有”“民治”的管理模式。超级部落太大，而管理的问题又太复杂、技术性太强，所以需要一种代议制，而代议制又需要专家型的专业人士。究竟这种体制多大程度上脱离了“民治”的模式？英格兰政治发展中最近的一项建议颇能说明问题：议会辩论直播，民众凭借现代技术终于可以更加直接地参与国家大事了。但直播议会辩论会干扰专门化的专业气氛，所以它遭到激烈的反对和拒绝。民治的政府到此为止，但这并不奇怪。经营一个超级部落就像让政治体制走钢丝。看来，任何现代政治体制的最大希望都是用右翼的方法来执行左翼的政策。（实际上，这正是东方和西方都在执行的政策。）走钢丝是艰难的任务，需要高超的专业技巧，想用含糊其词的话来达到目的是根本不可能的。现代政客常沦为笑柄、遭到奚落，是因为太多的人频繁地看穿了他们的花招。但由于目前超级部落的规模，我们似乎又别无选择。

在许多方面，现代超级部落的社会难以管理，所以它们的大趋势是分解。我已经提到，特化的假性部落在超级部落里是如何形成的；社会群体、阶级群体、专业群体、学术群体、运动团体等就是这样的假性部落，它们为都市里的个人恢复了各种形式的部落身份。这些群体在大社群里生活得颇为惬意，但比这些群体的分割更富有戏剧性的分类还是经常发生。帝国分裂为独立国家，国家分裂为自治区域。通信和交流改善了，相同的目标和共同的政策日益增加，但分裂还是在进行着。在战争凝聚力的压力下，结盟可以很快完成，但在和平时期，分割和分裂则经常发生。分裂的群体拼命打造某种地方身份，那就是说，它们所属的超级部落的凝聚力不够强大、不够激动人心，不足以把它们团结在一起。

建设和平的、全球规模的超级部落的梦想被反复粉碎。看来，外星人的威胁似乎才能够给我们提供必要的凝聚力，但那样的凝聚力时间短暂。至于将来人类的聪明才智是否能够产生某种新的因素，将其引入社会生活并解决凝聚力的问题还有待观察。目前看来，这样的可能性不大。

电视之类的现代大众传播设施使世界的社会空间“缩小”，产生了一个全球电视村（global televillage），围绕这个问题，近年展开了一场大辩论。有人说，这一趋势将要助推走向真正的共同体的进程。遗憾的是，这是一个神话，原因是：和个人社交不同，电视是单向系统。我能听见电视主持人说话，认识他，但他不能听见我说话，也不能了解我。不错，我可以了解他的所思所为，这固然大有好处，可以拓宽我的社会信息范围，但这不能取代真实社会交往的双向关系。

在未来的岁月里，大众传播技术的进展将令人震惊，目前我们还难以想象这样的进步；即使这样，技术进步还是继续受到我们这个物种生物—社会局限的阻碍。我们的生物特性不像白蚁，不会甘心成为庞大社群的成员。我们本质上是并且永远是简单的部落动物。

尽管如此，尽管全球经常发生阵发性的分裂趋势，我们仍然将要面对这样一个事实：大的趋势仍然是维持大规模的超级部落水平。世界的一个地方发生分裂时，另一个地方又实现了融合。如果今天的局势像过去千百年里那样不稳定，我们为什么还要尽量维持这样的局势呢？如果这样的局面危险，为什么还要维持呢？

这绝不仅仅是一场国际权力博弈。人这种动物有一个固有的生物属性：被扔进超级部落里的混乱中时，能从中获得极大的满足感。这一属性就是人永远难以满足的好奇心、创造性和对脑力运动的热爱。都市的混乱场面似乎能加强他这一属性。庞大而密集的繁育场唤醒了海鸟筑巢孵雏的本能；与此相似，密集的都市社群能唤醒人的思想创新。都市是人类思想的孵化场。这是都市优势的一面。虽然它有许多不利的因素，但它维持了系统的运转。

我们已经在社会层次上看到了这些弊端，它们也存在于个人层面上。生活在大型都市复合体里的个人承受着各种各样的压力和紧张：噪声、空气污染、缺少运动、空间拘束、过度拥挤、高度刺激和看上去很矛盾的事——有人还感到孤单和无聊。

你可能会认为，超级部落人付出的代价太大了，他可能更喜欢安静、平和、沉思默想的生活。当然，他的确是这样想的，但正如运动一样，虽然他总是想锻炼身体，但他实际上很少运动。迁居郊区是他最极端的举措。在那里，他能创造摆脱都市压力的一种假性部落氛围；但除了礼拜天上午之外，他又急急忙忙回到那紧张的都市环境中。他可以迁走，但他会怀念新狩猎人的兴奋，他思念都市提供的最大、最佳的狩猎场去猎取最大的猎物。

在此基础上，你可能会认为，每一座大城市都是充满新奇和创新的地狱。和村落比较，大城市可能看起来是这样，但它远远没有到达探索的极限。这是因为社会的内聚力和创造力之间存在着根本的冲突。内聚力维持稳定，因而是重复性的、静态的。创造力努力实现新的发展，必然会摒弃旧的模式。正如竞争与合作有冲突一样，从众和创新也存在着斗争。唯有在城市里，持久的创新才有真正机会。只有城市足够强大和稳定，能够容忍颠覆性的原创性和创造性产生的破坏力量。反传统的利剑劈在巨人的身上时，那只不过是小芒刺、挠痒痒，给它一种舒服的刺痛感，把它从睡梦中唤醒，敦促他行动。

这样的探索激情，加上我描绘的内聚力的辅助，是许多现代都市居民自愿禁锢在人类动物园的动力。超级部落生活的兴奋和挑战难以抗拒，只要有一点点帮助，它们就足以压倒严重的危险和弊端。但这些弊端如何与动物园的弊端相提并论呢?

圈养动物发现自己被关禁闭，孤苦伶仃，或者生活在反常而扭曲的社会群体里。在并排的铁笼里，它可能会看见或听见其他的动物，但不可能与它们接触。具有讽刺意味的是，人类都市生活的超级社会环境的运作与之颇为相似。城市生活的孤单是众所周知的危害。在冷漠的大群人中，人很容易失落。天然的家庭关系和个人的部落关系很容易被扭曲、粉碎或肢解。在村子里时，邻居都是友人，最坏的情况下可能成为敌人，但没有一个人是陌生人。在大城市里，许多人连邻居的名字都不知道。

这种去人格化的机制的确有助于叛逆者和革新者；在小型的部落社群里，约束他们的内聚力要大得多。他们会被从众的要求磨平棱角。相反，在熙熙攘攘的城市里，社会隔离的悖论又给人类动物园里的囚犯带来大量的压力和苦难。

除了个人的隔离，物质空间的拥挤也产生直接的压力。每一种动物演化的结果都需要一定的生存空间。在动物园和人类动物园里，这样的生存空间都被压缩了，其后果可能会很严重。我们认为，动物的幽闭恐惧症是不正常的反应。极端的幽闭恐惧症是不正常的，但轻微的、不容易辨认的幽闭恐惧症是一切都市人都患有的病症。人们半心半意地尝试矫正这一病症。于是，作为一种姿态，城市里专辟的地块被保留下来作为开放的空间，这些小块的“自然环境”被称为城市公园。起初，城市公园是狩猎场，里面有鹿等猎物，富裕的超级部落人在此重温他们祖先的狩猎行为，但现代都市的公园里只剩下植物了。

就空间大小来看，城市公园不过是笑话。真要给大都会庞大的人口提供漫游的空间，公园需要数千平方英里。关于公园最好的评价是：聊胜于无。

追求空间的都市人的一个选择是到乡间去做短期漫游，他们很投入。每到周末，一辆接一辆的汽车下乡，又一辆接一辆地回城。那没关系，他们漫游了——在稍大的家园里漫游了——他们一直在与城市里不自然的狭小空间作斗争。现代超级部落的拥挤道路把周末的出游变成了一种仪式，继续漫游总是比放弃漫游好。相比而言，动物园里动物的处境更加恶劣。它们的“漫游”更加可笑，它们只能在铁笼里来回踱步。既使这样，它们也不放弃。我们人类动物能做的不只是在起居室里来回踱步，为此我们心存感激。

本章追溯了导致我们目前社会处境的过程。接下来，我们可以更仔细地考察自己成功适应人类动物园生活的各种方式；某些情况下又可以看看这些行为模式不适应现代生活造成的灾难。

第二章

社会地位与超级地位

在任何有组织的哺乳动物群体中，无论个体之间如何合作，总是存在着争夺群体支配权的斗争。每个成员在争夺的过程中都获得了特定的社会等级，都在群体的等级系统中获得了特定的地位。等级系统的局势绝不会长期稳定，主要原因是，争夺者都会衰老。当霸主或“最高领导者”衰老后，其资深地位受到挑战，并且被直接下属取代。于是，争夺霸权的新一轮斗争随即开始，每个成员都在社会阶梯上略有上升。在等级系统的另一端，年轻的个体在迅速成长，构成自下而上的压力。此外，某些个体会病倒或夭折，这些空位必须要迅速予以填补。

总的结果是常恒的“地位紧张态”。在自然条件下，这样的局势可以忍受，因为社会群体的规模有限。然而，在人为的禁锢环境中，由于群体的数量过多，或生存空间太小，那么争夺地位的“激烈竞争”就会失控，争霸之战就无法收拾，集群、群落或部落的首领就受到极大的压力。这一局面出现时，群体中最弱的个体就会被无情地追杀，原来受到限制的攻击展示和与此相对的反攻击展示就蜕变为血腥的暴力了。

霸权之争还产生其他后果。为了清理这种不自然的复杂身份关系，我们不得不花费大量时间，以至于社会生活的其他方面比如育儿就被忽视了，其后果严重，破坏力极大。

如果动物园里的争霸斗争给拥挤的被禁锢的动物带来了困难，那么显然给人类动物园庞大无比的超级部落带来的困境更大。自然界的地位之争有一个基本特征：争夺建立在社会群体内的个体关系上。对原始部落人而言，这个问题比较简单。然而，从部落发展到超级部落后，个体关系日益冷漠，于是，地位问题就迅速变成争夺“超级地位”的噩梦。

然而，在探讨都市生活这一敏感部分之前，先看一看地位之争的基本规律大有裨益。最好的方法就是从主宰动物的观点来纵览这一战场。

如果你想控制你的群体，成功地捍卫自己的权力，你必须遵守以下十条金科玉律。这些规则适用于一切首领，从狒狒群的首领到现代的总统和首相，无一例外。确保领导地位的十条金科玉律是——

1. 你必须要清楚展示凛然在上的仪表、体态和姿势

对狒狒而言，这条定律的意思是：有光滑漂亮的皮毛；无纠纷时平静、轻松的姿态；活动时意志坚定的步态。绝不能表露出任何焦虑、犹疑、踌躇的迹象。

只需做一点表面上的修正，这条定律就适用于人类领袖。华丽的皮毛换成了统治者富丽与华贵的专用服装，其光彩照人远在臣民之上，颇有戏剧性。他端的架子显示统治者独一无二的统治角色。当他轻松愉快时，会倚靠在宝座上，或坐或站，其他人未经允许绝不能效仿，而是必须毕恭毕敬地肃立伺候。这也是狒狒首领的典型体态，它可能会慵懒地趴在地上，焦虑的下属以机警的姿势在附近恭候。每当它做出攻击的姿态、强势突出自己的身份时，情况就为之一变。不管是狒狒或是王子，此时它必须起身，比它的下属更令人注目。它必须

比下属挺得更加笔直，用这一姿势匹配它的心理状态。对狒狒首领而言，这很容易，因为它本来就更加魁梧，它只需端坐就可以凌驾于下属之上。比较胆小的狒狒蜷缩着身子匍匐在地，首领的地位就显得更高了。对人类的首领而言，人为的辅助手段势在必须。他峨冠博带、罩袍披身，以显得更加伟岸。他的地位可以用御座、高台、坐骑或车辇来抬高，甚至用臣属来抬高。弱小狒狒的匍匐姿态有若干程式；臣属降低高度的方式有：鞠躬礼、屈膝礼、跪拜、叩头、额手礼、匍匐礼。

人类的聪明才智使其领袖能够两者兼而有之。坐在置于高台的宝座上，他既可以享受轻松姿态的被动的凌驾态势，又可以同时享受抬高了的位置，即主动的凌驾态势，这就是他展示权力的双重姿态。

人与狒狒有许多相同的展示领袖威仪的手段，在今天的我们身上，这种展示仍然有许多表现形式。在将军、法官、高级祭司和幸存的皇室成员身上，仍然可以见到最原始而显著的表现。这样的展示往往局限于特殊的庆典，比昔日的范围小；然而一旦举行，它们盛况不减当年。在隆重场合，即使最有学问的学者也无法不受华丽服饰的影响。

然而，帝王让位于民选的总统和首相以后，个人居高临下的展示不再那么明显了。领袖角色的重点有所转移。新型的领袖是人们的公仆，其高位是偶然现象，他不会既是公仆又是统治者。为了突出他对这种境遇的接受，他的穿着相当朴素，但这只是一种手腕。这种小小的欺骗使他更像“普通人”，但他不敢玩过火，否则，在他来得及反应之前，他可能真的再次成为普通人。因此，他必须要继续用不那么明目张胆的个人方式展现自己的主导地位。由于他手握现代都市环境各种复杂的资源，展示个人权势并不难。虽然服饰褪去了华贵的色彩，但补偿机制不少。他发号施令的办公室可以极其奢侈，他工作和生活的建筑可以雄伟壮观。他保留了出行时的排场，摩托开道，马队先行，专机来去。他可以拥有大批的“专业随从”——助手、秘书、服务员、个人助理、卫士、侍从，等等；这些人的一部分职责仅仅是让人看见他们对他卑躬屈膝，借以放大他的社会优越感的形象。他的姿态、动作和手势可以保持不变。这些权力信号是人类最基本的信号，人们不知不觉就接受了，所以它们可以不受限制。他的动作和姿态或平静而轻松，或坚定而刻意。（除了自愿参加锻炼时，你何曾见过总统或首相奔跑?）谈话的时候，他把眼睛当作武器，不时射向下属，下属会彬彬有礼地避开他们的目光；下属凝神注视时，领袖的目光却偏向一边。他们不会手足无措、扭动身子、坐立不安、步履蹒跚，这些动作是下属的典型反应。倘若领袖如此，他一定出了大问题，他作为群体首领的角色就会受到严重伤害。

2. 在激烈对抗的时刻，你必须要以攻击的姿态威慑你的下属

一旦察觉下属任何最微小的挑战迹象，狒狒首领会立即做出令人印象深刻的威慑性展示。威慑性展示有全套的行为，攻击性主导、带有一点点恐惧的行为是一个极端，非常畏惧、略带一点进攻性的行为是另一个极端。后面这一极端叫“出于畏惧的威胁”，是弱小但敌视者的反应，身居高位的动物绝不会表现出“出于畏惧的威胁”，除非它的首领地位已岌岌可危。当地位稳固时，它只会展现最富有攻击性

的威胁。它可以非常安全，它所需要做的就是表明它将要威胁，而不必真的去执行。只需向那个不太守规矩的下属的方向略微转动硕大的头颅，就足以镇住这个下属。这些举动叫作“意向动作”，其运作机制在人类身上完全是一样的。有权势的领袖被下属的举止激怒时，只需头部猛地转向下属的方向，瞪一眼，就可以成功地维护自己的统治地位。倘若他不得不提高嗓门，或重申命令，他的主宰地位就略有动摇；在他重新获得控制权时，他就得通过实施某种谴责或给予象征意义的惩罚来重新确立自己的地位。

提高嗓门、大动肝火是领袖虚弱的迹象，那是对直接威胁的反应。当然，强势的领袖也可以自然地或刻意地将其作为重申自己地位的一般手段。狒狒首领有可能表现出同样的行为，它突然冲向下属、恐吓下属，让它们记住谁是老大，这能使它赢得几分；以后只需脑袋动一动，它就可以达到目的了。人类领袖偶尔也用类似的手段，他发布严厉的训令，以突袭的方式巡查，发表咄咄逼人的长篇训话。如果你是领袖，如果你长期不说话、不露面，不让下属感觉到你的存在是危险。如果环境不足以使你展示权力，那你就必须创造条件展示权力。你必须要让人看见你的权力。自然而然的威慑性展示就具有这样的价值。

3. 在身体受到挑战的时刻，你（或你的代表）必须能压倒发起挑战的下属

如果威慑性展示不奏效，则必须进行身体攻击。倘若你是狒狒首领，这是危险的一步，原因有两个：首先，在肢体争斗中，即使战胜

者也可能受伤，而伤情对首领的危害比对下属更为严重，因为对后续的攻击者而言，首领已不再那么令人生畏；其次，下属总是比首领多，如果把它们逼得太紧，它们就可能结成一帮，联合起来打败首领。这两个事实使威慑性展示成为首选，对地位高的个体来说，这一方法比实际的攻击更受欢迎。

在一定程度上，人这个物种里的领袖克服了这一不足，他起用了一个特殊的压迫者阶级，这就是军队和警察，他们履行职责时非常专业、非常精到，只有全民的大起义才能将其推翻。在极端的情况下，暴君会用进一步的手段，他会雇佣一个更专业的压迫者阶级（如秘密警察），其职能就是镇压那些不守规矩的普通的压迫者。凭借高明的操纵和管理，领袖有可能将这一攻击性体制玩弄于股掌之间，只有他对正在发生的事有足够的了解，才能控制局面。除他之外，人人无所适从，只能等待上级的命令。这样，现代暴君就能够独揽大权，实施有效的统治了。

4. 如果挑战者用的是脑力而不是蛮力，你必须能智胜发起挑战的下属

狒狒的首领必须要狡猾、机敏、聪明，还必须要强壮、好斗。显然，这些品质对人类领袖更加重要。在有继承式领导体制的情况下，愚蠢的个体被废黜，或者沦为实际领袖的傀儡。

今天的情况太复杂，领袖不得不身处知识专家的包围之中；尽管如此，他还是需要富有机智。最后拍板的人是他，清楚明快决策的人是他，他不能有丝毫的优柔寡断。这是领袖极其重要的品格。坚定不

移、雷厉风行的决策，比正确的决策更加重要。许多强势领袖在偶尔的错误决策中幸存下来，因为其决策风格干脆利落、坚定有力，但很少有领袖在犹豫不决中幸存下来。这是领导力的黄金法则，在理性时代这是很难接受的，这条法则是：至关重要的是你做事的方式，而不是你做了什么。一个以正确的方式做错事的领袖，某种程度上会比一个以错误的方式做对的事情的领袖获得更多的忠诚和更多的成功。这是一个令人悲哀的事实，文明进步因此屡次受挫。如果领袖做正确的事情，且遵守这十条金科玉律，那就是社会之幸，但这样的幸运实在罕见。在伟大的领导和反常的政策之间，似乎有一种不祥的并不只是偶然的关系。

看来，超级部落极其复杂的条件造成了诸多危害，其中之一是：面对重大问题时，几乎不可能理性地做出明确、清晰的决策。这是因为证据极其复杂、变化多样，且常常互相矛盾，任何合理、理性的决策都必然包含不适当的犹豫不决。超级部落的领导人无法享受那种奢侈的沉重的自我克制和"进一步考察事实"，那是学术名人的典型特征。作为主宰动物的生物学特性迫使人类领袖必须迅速决策，否则他就会丢脸。

危险是显而易见的：这样的局面显然有利于那些不正常的个人，使之容易被视为出类拔萃的领袖；在狂热煽动之下，他们准备清除超级部落中大量矛盾的证据。这是生物学属性的部落人变成人为环境中的超级部落人不得不付出的代价之一。唯一的解决办法就是寻找富有魅力、引人注目、坚持自我、多姿多彩的人格里那种精明、理性、平衡而思想深刻的领袖。矛盾吗？当然；不可能吗？也许是吧。但总有一线希望：引起问题的超级部落本身规模宏大，所以它在产生问题的同时又提供了数百万计的潜在领袖候选人。

5. 下属争吵时，你必须予以平息

狒狒首领看见不守规矩的下属争吵时，即使这场争吵不对它构成直接威胁，它也可能会干预和压制。一方面，这给它提供了展示统治地位的机会，另一方面，干预有助于维护群体内的秩序。首领的干预尤其针对争吵的幼兽，以便在它们小小年纪时就向它们灌输强势首领的思想。

对人类领袖来说，这种行为相当于控制和管理群体的法律。在这个方面，早期相对小型的超级部落统治者展示出强大的活力；到了近代，这些职责逐渐委派给其他人了，因为直接和领袖地位相关的其他重负日益增加。然而无论如何，争吵的社群不可能高效运转，必须要维持一定程度的控制和影响。

6. 你必须要犒赏直接下属，允许其享受高位者的特权

狒狒首领的直接下属对首领来说是危险的对手，但面对外来威胁时，它们又能给首领提供宝贵的支持。如果受到过分的压制，它们有可能结伙反对首领，废黜首领。所以，它们能享受弱小成员不能享受的特权，同时还享受了更多的自由，被允许靠近首领，而其他年轻的雄性是不允许靠近首领的。

凡是没有坚守这一规则的人类领袖很快就陷入了困境。他需要更多地得到直接下属的辅佐，他遭遇“宫廷政变”的危险比狒狒首领更为严重。瞒着他策划的事情确实很多。犒劳那些地位仅次于他的权势

者需要精明的手腕。如果奖赏错了，那就给强劲的竞争对手过多的权力。麻烦在于，真正的领袖不可能享有真正的友谊。友谊只能够在大致相同的等级中发生。当然，上下级之间也有可能形成一定程度的友谊，但这种友谊总是受到级别差异的影响。无论朋友的意图多么美好，居高临下和趋炎附势总是会悄然潜入这样的关系，给它蒙上一层阴影。在社会金字塔顶端的领袖永远不会有朋友，从任何意义上说都没有朋友。他那半真半假的朋友恐怕比他想象的还要不真诚。如我刚才所言，给直接下属宠爱时，领袖要有高明的手腕。

7. 你必须要保护弱小的下属，使之免受迫害

哺乳期的雌性往往会簇拥在狒狒首领的身边。如果雌性或无助的幼崽受到攻击，首领一定会发起无情的进攻。作为弱者的守护者，它确保了未来的成年狒狒能够存活。人类领袖把保护弱者的行为拓宽到保护老人、病人和残疾人。这是因为有效的统治者不仅需要保护成长中的儿童，以期壮大拥护者的队伍，他还需要减少壮年人的焦虑，因为衰老、疾病和残废对他们而言是难以避免的威胁。对大多数人而言，帮助老弱病残的冲动是出于生物学意义上的合作本性，是这一天性自然而然的发展；但对领导人而言，这样的帮助既能够消除人们对老弱病残的担心，又能够提高他们的工作效率。

8. 群体的社会活动必须由你决策

狒狒首领决定迁移时，整群的狒狒都会追随它。它休息时就全体休息；它进食时就全体进食。当然，人类超级部落的领袖失去了这种

直接的控制，不过，他可以鼓励群体沿着比较抽象的方向前进，在这一点上发挥至关重要的作用。他可以促进科学发展，推进军备建设。或许，这一条定律严格地说并不是必不可少的，然而和其他定律一样，按这一定律行事是至关重要的。即使社会运行轨迹一帆风顺、人人幸福、个个满意，他也必须在某些方面修正前进的方向，以便让全社会感觉到他的影响。如果仅仅是在出错时才做出反应，小修小补，那是不够的。他必须自动、自主地开发新的发展路线，否则他就会被认为没有魄力，没有色彩。如果他没有现成的爱好和热情，他就必须要创造出来。如果在某些问题上他表现得胸有成竹，他在所有问题上都会受到更认真的对待。许多现代领袖似乎忽视了这一点，他们的政治“平台”极端缺乏创意。即使他们打赢选举战夺取了领导权，那也不是因为他们在激励选民上胜人一筹，而是因为对手在这个方面比他们逊色。

9. 必要时，你要安抚最底层的下属

狒狒首领很难不惊扰地靠近下属，因为靠近下属的行为本身就带有威胁性。为了消除这样的威胁，它可以展示让下属安心的动作。它轻轻地靠近，不做突然或剧烈的动作，露出友好的表情（咂嘴）。这会有助于消除弱者的恐惧，使之平静，这样，首领就可以靠近下属了。

相比而言，人类领袖对直接下属的态度一般是严厉强硬、不苟言笑的，但在面对最底层的下属时，他们时常做出温和的样子。他们摆出夸张的姿态：谦恭有礼，笑容可掬，挥手致意，一个接一个握手，

甚至抚摸婴儿。但当他们转过身，微笑很快就会消失，消失在无情的权力世界里。

10. 你必须要主动进攻，挫败外来的威胁或攻击

在反击外来进攻时，狒狒首领总是冲在第一线。它扮演着群体保护者的重要角色。对它而言，敌人通常来自另一物种，但对人类领袖而言，敌人是同一物种里的敌对群体，在这种时刻，他的领袖地位会受到严峻的考验。然而，从某种意义上说，和平时期的考验更为严峻。我在上一章里指出，外来的威胁会产生强大的内聚力效应，以至于领袖的任务在许多方面都变得更容易了。他越是大胆无畏、不计后果，就越是显得在保护那些陷入狂热的群体，无论其行动多么非理性，也没人敢质疑（就像在和平时期一样）。战争激发的畸形狂热浪潮推动他前进，强势的领袖应运而生。他可以轻而易举地使他的团队成员相信，杀人是光荣而英雄的壮举，既使他们深信杀人是最可怕的罪行。此时，他的一举一动都是对的，即使错了，他犯错的消息也会被压制下去，因为这会影响士气。万一走漏了风声，他所犯的错误也会被归咎于运气不佳，而不是判断失误。在和平时期，领导人往往会编造外国强权的威胁，或者至少是夸大其威胁并使之成为潜在的敌人。再增加一点凝聚力就更好了。

这十条定律就是权力模式。我想清楚说明，狒狒首领/人类领袖的对比并没有暗示：人类从狒狒演化而来，或者人类争霸的行为从狒狒的行为演化而来。诚然，在远古的演化史中，我们和狒狒有相同的

祖先，但这不是我要说的意思。我的意思是，和我们的祖先一样，狒狒离开了茂盛的森林，来到艰难的空旷原野，更加严格的群体控制就成为生活的必要条件。树栖猴和树栖猿的社会体系松散得多，其首领的压力要小得多。占优势的狒狒扮演着更加重要的角色，我挑选它作例子的道理就在这里。狒狒首领/人类领袖这个对比的价值在于，它揭示了人类上对下的支配模式的基本属性。两者显著的相似性使我们能够用新的眼光来看待人类的权力博弈，并认清其本质：这是基本的动物行为。在此，我们必须要搁下狒狒比较简单的任务，更加仔细地来看看人类境遇的复杂性。

对现代人类社会的领袖而言，要扮演这种主宰的角色显然有许多困难。他握有畸形膨胀的权力，这就意味着，唯有其自我高度膨胀他才能驾驭超级部落；这种人主宰社会时，危险始终是存在的。而且，巨大的压力可能会推动人类领袖去动用暴力，诉诸暴力是应对超级地位压力的自然反应。再者，极端复杂的任务使他不得不全神贯注，这使他远离了和追随者相关的普通问题。地位超级的领袖高高在上，极其孤立，掉进了权力机器的陷阱，所以他迅速脱离民众。

有人说，现代世界里成功的领袖不得不准备凭借最低限度的信息去作出重大的决策。这是管理超级部落的可怕方式，然而这样的决策时时刻刻都在发生。任何个人需要吸收的信息都太多了，而且，超级部落的迷宫中还隐藏着更多的、永远不可能获得的信息。合理的解决办法就是抛弃他强大的领袖形象，降格到适合首领的古老部落状态，用一种组织力量来取代他，这就是计算机辅助的、独立的专家组织。

当然，接近这种状态的组织业已存在。在英格兰，任何公务员都会毫不犹豫地告诉你，管理国家的实际上是公务员制度。为了强调他的观点，他会告诉你，议会开会期间他的工作深受影响；只有在议会闭会期间，他们的工作才能够取得一些实实在在的进展。这一切都很合乎逻辑。遗憾的是，这不符合生物学的逻辑；他所谓的运转中的国家是由生物样本组成的，这里的生物样本就是超级部落人。不错，超级部落需要超级控制，如果这个任务对个人太难，合理的解决办法似乎就是把一个强势人物转换为一个强势组织。然而，这并不能满足其追随者的生物学需要。也许，他们的理性是超级部落人的，但他们的感情仍然是部落人的感情，所以他们将继续需要一位容易认定的、独一无二的个人担任领袖。这是他们的物种模式，难以规避。机构与大脑可能是主人宝贵的仆人，但它们绝不可能成为主人（当然科幻故事除外）。散漫的组织、没有面孔的机器缺乏基本的特性：它既不能激励人，也不能被人废黜。于是，那位独一无二的主宰人注定要挣扎下去，公开露面时，他表现得像一个部落首领，神气十足，信心满满；但私下里，他却不得不吃力地对付那难以完成的控制超级部落的任务。

当代领袖的负担极其沉重，现代超级部落里的男子成为群体优势成员的机会还不到百万分之一，尽管如此，人们对这一地位的渴望却看不出有丝毫减弱的迹象。在社会阶梯上往上爬的冲动太悠久、太根深蒂固，对新情况的理性评估并不会削弱这样的冲动。

在我们庞大的社群中，必定有数以万计的失意的领导人没有任何出头的希望。在向上爬的过程中，他们遭遇了什么？那一切能量用到哪里去啦？当然，他们可以放弃或退场，但这是一个令人沮丧的情况。退场者的解决办法有弊端，他实际上并没有退场：他呆在原地，对周围的激烈竞争嗤之以鼻。大多数超级部落人能够规避这一令人不快的状态，简单的办法就是到超级部落里那些次级的专门群体里去寻求靠竞争得来的角色。对有些人来说，要比其他人容易。竞争性的专业或行业自然有自己的社会等级，但即使在这些领域，获胜并求得领导地位的概率也可能很小。结果，人为制造的一些亚群体就应运而生，在这里竞争可能会有比较大的收获。各种奇特的兴趣组织建立起来了，从金丝雀的繁育、记录奔驰的火车号码、观察 UFO，直到健身的各种联谊会无所不有。每一种活动的表面性质都不太重要。实际上，这样的追求产生了一个新的社会等级系统。其中的规则和程序很快建立起来，委员会组建了，最重要的是领导人产生了。如果不参与这种专门的亚群体，金丝雀繁育的冠军或健身的冠军就不可能得到任何令人陶醉的优胜的果实。

如此，渴望成为领袖的人就可以回击压在他头上的沉重的社会罩子，他在庞大的超级部落里向上爬时就遭遇这样的罗网。大多数体育、消遣、爱好和“善举”的主要功能不是它们自己宣称的具体目标，而是更加基本的目标：追随领袖并尽力取而代之。不过，这仅仅是陈述，而不是批评。实际上，如果众多无害的亚群体、假性部落不存在，局势可能会严重得多。它们像漏斗一样地疏导了由于向上爬受挫而郁积的恶气，否则，这种郁闷的情绪会产生相当严重的破坏性后果。

我说过，这些活动的性质并不重要，然而有趣的是，许多体育活动和消遣活动都表现出一种仪式化的攻击性成分，远远超过简单竞争的攻击性仪式。例子有：“瞄准”起源于典型的攻击性协调模式。如今，它改头换面又在广阔的范围内以爱好的形式冒了出来，保龄球、台球、飞镖、乒乓球、槌球、射箭、壁球、板球、网球、足球、曲棍球、马球、射击和用渔叉捕鱼等都有“瞄准”的动作。在儿童玩具里和露天游乐场里，这样的例子数不胜数。在比较明显的伪装之下，攻击性的“瞄准”又大量用来描述业余摄影的魅力：“射”（shoot）胶片，用胶片“捕捉”（capture）影像，快“射”几张照片（shots）；于是，摄影机＝手枪，胶片＝子弹，配长镜头的摄影机＝步枪，电影摄影机＝机枪。固然，这些象征性等式有助于我们理解，但它们绝不是寻求“消遣活动中的优势地位”（pastime dominance）的必要条件。收集火花也可以得到同样的效果；当然，条件是你必须要能联系到有类似爱好的对手，他们和你一样入迷，你才有可能超过他们的收藏，取得你的优势。

组建专门的亚群体并非解决地位困境的唯一办法。地区性的假性部落也是存在的。在超级部落内，每一个村子、小镇、城市、国家都形成了各自的地区等级系统，它们为受挫的超级部落领导层提供了进一步的替代品。

在更小型的规模上，个人也可能有由友人组成的关系密切的“社交圈子”。个人的电话簿里有非商业性的通讯录，这充分显示了假性部落的广泛分布。和真部落里的情况一样，他认识假性部落里的所有成员，这一点意义重大。但和真部落不同的是，假性部落里的朋友未必都互相认识；这是因为社交群体交叠和交叉，形成了复杂的网络。然而，对社交假性部落里的人而言，这个部落给他提供了另一个领域，他可能在这里突出自我，表现他的领导水平。

另一种重要的超级部落模式是社会阶级体系，它既可以分割大的部落群体，又不至于使之土崩瓦解。自文明发轫的时代起，这样的阶级体系基本上就是这种假性部落形态，它们是：一个上层阶级或统治阶级；一个由商人和专业人士组成的中产阶级；一个由农民和劳工组成的下层阶级。当这三个阶级膨胀时，它们可能进一步分割为较小的群体，详细情况千差万别，但基本原理保持不变。

承认特色分明的阶级使顶端阶级以下的各个阶级能够在各自范围内争取优势，这是更加合乎实际的地位优势。在特定阶级里的归属身份不仅仅涉及金钱问题。一个人在自己阶级顶端所挣的钱可能超过上一个阶级底部的富人。在自己这个阶级占优势地位所获得的报偿可能使人非常满意，以至于根本就没有意愿放弃他这个阶级—部落。阶级交叠的情况说明，阶级可能拥有非常强烈的部落属性。

然而近年来，超级部落分解为阶级—部落体制的趋势却遭遇严重挫折。超级部落的规模越来越大，其技术越来越复杂，大众的教育水平也随之水涨船高。生活中“各安其位”的舒适感逐渐消退，取而代之的超越自己地位的激动人心的可能性越来越大。不过，原有的阶级—部落体制还是不断进行反击，而且仍然在进行反击。今天的时尚周期日益缩短，在这里，我们清楚看到这样的攻击和反击的拉锯战。新款的时装、家具、装饰、音乐和艺术日益迅速地更新换代。常有人说，这是商业利益和压力产生的结果，然而，和创生新的主题相比，旧瓶新酒的推销还是很容易，甚至更容易。但新的主题仍有需求市场，因为旧的主题在社会体系里很快就饱和了。新主题到达下层的时间越快，排他式的新主题在高层取代旧主题的速度就越快。风格和口味走马灯似的变换，其速度令人难以置信，在历史上前所未有。当然结果就是：原来僵化的社会阶级体系使假性部落身份遭受严重的损失。

近年来出现了一种新型的超级部落的分割体制。在某种程度上，这一新体制弥补了部落身份失落的重大损失。年龄类别出现了。所谓的少年假性部落和壮年假性部落之间的鸿沟日益加深。少年假性部落有它自己的风气和权势体系（dominance system），而且和壮年假性部落日益不同。强大的少年偶像和学生领袖是崭新的现象，于是，假性部落出现了新的重大分割。旧的成年假性部落尝试“收编”新的群体，其努力茫然无序，收效甚微。许多光荣的桂冠被堆砌到青年领袖的头上，少年的时尚和风格的极端形式也被宽容地接受下来；结果却导致进一步叛逆的过火之举。（比如，倘若吸大麻合法化且蔓延开来，直接的替代物又必然出现，正如大麻成为酗酒的替代品一样。）这些过火行为达到顶点，成年人无法压制或拒绝模仿时，少年可能会安分守己地过一段日子。他们挥舞自己的假性部落旗帜，享受新假性部落的独立性，欣赏更容易管理的、自足的权势系统，心满意足。

从上述现象可以获得一个令人清醒的教训：人类需要独特的部落身份，这种悠久的生物需要十分强大，是压抑不住的。一条超级部落的裂缝刚修好，另一条裂缝旋即出现。用心良苦的当局奢谈“全球社会的希望”（hopes for a global society），由于现代传播的令人惊叹的奇迹，他们看到这种发展的技术可能性，但他们仍然顽固地忽略人遭遇到的生物学困难。

这是悲观主义吗？当然不是。只要不能接受人的生物需要，前景就会显得黯淡。从理论上说，没有理由认为，满足部落身份的需要不会对超级部落之间的关系起到建设性的作用；反过来可以说，这些超级部落就不能通过建设性的互动来形成一个全球性的超大型部落。迄今为止，全球性的超大型部落之所以失败，很大程度上是由于压制了各群体存在的差异，而不是改善了这些差异的性质；是因为没有将这些差异转化为更加令人满意的、竞争性社会互动的祥和形式。抹平全世界的差异，将其变成铁板一块的、单调乏味的、庞大的统一体——这样的尝试注定是一场灾难。这一规律适用于一切层次，从分裂的国家到分裂的帮派都适用。社会身份感受到威胁时，它会发起反击。如果社会身份不得不为生存而斗争，那至少会引起社会动荡，严重时会发生流血事件。我们将在稍后一章里更仔细地审视这一现象；我们暂时必须回到社会地位的问题。让我们在个人层次上考察这个问题。

现代的地位追求者的社会处境如何？首先，他有朋友和熟人，他们共同组成他个人的假性部落。第二，他有自己的地方社群——他的地方性假性部落。第三，他有具体的身份和归属：专业、行业或职业，还有他的消遣、爱好或体育运动。这些具体的东西构成他专项的假性部落。第四，他有阶级部落的残余和新的年龄部落。

合并起来，这些亚群体给他提供了更大的机会，使他能够获得某种优势，能够满足他基本的地位冲动；相反，如果他是一大块均质化的群体里的小不点，宛若庞大超级部落蚁丘上的一只蚂蚁，那么，他就没有多少机会可言。至此一切顺利，但障碍依旧。

首先，在有限的亚群体里取得的优势本身是有局限的。这可能是真实的解决办法，但那仅仅是部分的解决办法。处处都有更大的事情在发生，这是难以忽略的事实。小池里的大鱼固然可能游动，但它失去了到大池里去畅游的梦想。过去，这不是一个大问题，因为僵化的阶级体制被无情地贯彻到底，人人都被迫安分守己。这固然秩序分明，但很容易导致超级部落停滞不前。有雕虫小技的人可能会志得意满，但许多雄才大略的人物却受到禁锢，他们的精力用在严格限定的目标上，浪费殆尽。结果可能是：下层阶级的天才机会很少，上层阶级的白痴却享受唾手可得的机会。

僵化的阶级结构是一种分割的体制，自有其价值，但那是荒唐的浪费体制，它最终崩溃的命运并不奇怪。其阴魂不散，不过更加有效的贤能体制（meritocracy）在很大程度上已经取而代之；从理论上说，这种体制使每个人都能够达到他才干所及的最高层次。一旦达到这样的层次，他就可以利用各种假性部落分类来巩固自己的社会身份了。

这种贤能体制提供了令人激动的格式，但问题还有另一面，激动和紧张如影随形。贤能体制的基本特征是：虽然它避免了人才浪费，但它也开辟了一条清晰的从庞大的超级部落底层直达顶端的渠道。倘若任何少年凭借个人的优点都可以最终成为最伟大的领袖，那么，每成功一个人时，无数的人已然失败。此时，他们的失败就不可能怪罪那邪恶的阶级体制了，因为那是外在的力量。失败者就必须寻找适当的原因，那就是将失败归咎于自己的缺陷。

由此可见，在任何大型、活跃、进步的超级部落里，必然有大批非常失望的地位追求者。僵化、停滞社会的那种万马齐喑的局面退场，取而代之的是流动和发展的社会，那是充满渴望和焦虑的局面。苦苦奋斗的地位追求者如何应对这种局面呢？答案是：如果他们爬不到顶端，他们就幻想比自己的实际处境略好一点的处境。此刻，为了更好地理解他们的处境，我们用侧视的余光来看看昆虫世界的情况是不无好处的。

许多昆虫有毒，大动物学会了不吃这些昆虫。展示某种警告信号有助于它们的生存，比如，黄蜂身上典型的黄黑相间的条纹就非常引人注目。这一特征十分明显，捕猎它们的动物容易记住。几次不幸的经历之后，猎杀者很快记住避免去碰有这样条纹的昆虫。其他与其无关的无毒昆虫也可能带有类似的模式，它们成为所谓的“警戒色俱乐部”成员。

在当下的语境中，这一现象对我们有重要的启示意义。有些无害的昆虫利用这一体系，它们也长出了和“警戒色俱乐部”里有毒昆虫类似的警戒色。比如，有些夜间活动的蝇类也模仿黄蜂，长出了黄黑相间的条纹。它们假冒该俱乐部的成员，坐收渔利，不用有毒。即使它们实际上可以成为美餐，猎杀者也不会对它们发起攻击了。

这个昆虫例子略显粗糙，但有助于我们理解人类地位追求者的行为。我们只需将昆虫的有毒替换为人的优势就可以得到启示。有地位优势的人用许多一目了然的方式展现自己的优越地位。他们挥舞的优势旗帜是身穿的衣服、居住的住宅、旅行的方式以及说话、娱乐和饮食的方式。他们佩戴这些“优势者俱乐部”的徽标，其优势地位就一望而知了，下属和彼此都心照不宣；所以，他们不必再用更直接的方式来张扬自己的优势。和有毒昆虫一样，他们不用再去“蜇”自己的敌人，而只需挥舞旗帜表示，他们想要攻击就能够攻击。

顺理成章的结果是，如果无害的下属展示同样的旗帜，他们也可以加入那个“优势者俱乐部”而坐享其成。倘若他们能够像黄黑条纹的有翅昆虫那样模仿黄黑条纹的黄蜂，他们至少能产生优势的幻觉。

实际上，高位模仿这一模式已经成为超级部落里的地位追求者的主要追求之一，所以更仔细地予以考察很有意义。首先，有必要清楚区分地位符号（status symbol）和高位模仿（dominance mimicry）。地位符号是你业已达到的真实社会优势水平的外在符号；相反，高位模仿则是你想要达到却尚未达到的优势水平的外在符号。用物体来表现，地位符号就是你有财力买得起的东西；高位模仿则是你不太力所能及但仍然去买的东西。因此，高位模仿常常意味着其他方面的重大牺牲，而真正的地位符号是不会引起牺牲的。

稍早的社会阶级结构等级森严，显然不会容许大量的高位模仿。我已经指出，人们很满足于“安分”。但再往上爬的冲动是很强大的力量，无论阶级结构多么僵化，例外总是有的。眼见自己的地位被别人的模仿弱化，优势的个人总会做出猛烈的反应。他们制定严格的规章甚至法律来遏制别人的模仿。

各种服饰规矩就是很好的例子。在 1363 年的英格兰，议会关注的主要是规范各社会阶级的服饰，如今，这个议题更加重要。在文艺复兴时期的德意志，服装超越她实际地位的女子可能会受到的惩罚是颈子上戴木枷。在印度，头巾如何戴以显示种姓是有严格规定的。在亨利八世时期的英格兰，如果男子不能随时奉献一匹轻装马去为国王效命，其妻子是不允许戴丝绒女帽或金色项链的。在美国新英格兰地区，早期，如果丈夫没有 1 000 美元以上的财产，妻子是不允许戴丝巾的。诸如此类的例子不胜枚举。

今天，由于阶级结构解体，诸如此类的法律多半被废除了。所用范围仅限于特殊的类别比如奖章、封号和王权标记；如果不拥有恰当的地位而擅自盗用，那仍然是犯法的，至少是社会难以接受的。然而总体上看，优势者受到的保护大不如前，禁止他人模仿他们的规定没有过去严格了。

但优势者用巧妙的办法来予以报复。他们被迫接受低位者模仿的事实，然后大批量生产仿制的高位商品，并用低位者买得起的价格来推销。这样的诱饵吸引人，低位者迫不及待地上钩。试举一例说明这一陷阱如何诱人。

高位者的太太戴钻石项链，低位者的妻子戴玻璃珠项链。两种项链的做工都不错。珠子不贵，但它们招人注目，并不需要假装是钻石。遗憾的是，它们的价值低，所以低位者的妻子希望得到更有价值的佩饰。没有法律或社会规章不允许她戴钻石项链。通过艰辛的操劳，节省每一个便士，她终于凑钱买了一根小克拉钻石的项链。如果她迈出这一步，脖子上戴着模仿优势者的项链，她就开始对高地位的太太构成威胁，高位者的地位展示就模糊不清了。高位者的丈夫就在市场上推出大号的仿钻项链。这些仿制品价廉物美，于是，低位者的妻子就放弃为购买真钻石而不得不进行的苦苦拼搏，回头安于佩戴仿钻项链了。陷阱挖好了，真正的高位模仿就不再发生了。

表面上看，这并不明显。低位者的妻子炫耀引人注目的仿钻时，她似乎是在效仿高位的对手，但这只是幻觉。要害在于，那仿钻太漂亮，从她的总体生活方式来看，不是她买得起的真货，骗不了人，因此仿钻不可能有助于抬高她的地位。

奇怪的是，这一招很灵，但又常常适得其反。它渗进生活的许多领域，却并非没有产生消极的后果。它摧毁了许多正宗的、显然是低位的艺术和工艺。民间艺术被模仿艺术大师的廉价复制品取代了；民间音乐被唱片取代了，农民手工艺品被昂贵商品的大批量塑料仿制品取而代之。

民俗学会迅速建立起来，痛惜并试图扭转这一趋势，可惜破坏业已产生。学会的作用至多不过是担当民间文化的标本师。从底层到顶端的社会地位竞争一旦开启，开弓就没有回头箭了。如我上文所示，社会反复反叛这种“新的单调模式”令人厌烦的统一性，其反叛方式是创造新的模式，而不是支持业已死亡的旧模式。

然而，一心向上的地位追求者不会反叛。对他而言，廉价仿品不是令人满意的答案。他看清了仿品的本质，那是聪明的岔路，是真正高位模仿的幻想版本。对他而言，高位模仿必须是货真价实的商品，他必须要在力所能及的基础上再前进一步，以便使人产生这样的印象：他在社会上的优势地位略微超过了他的实际地位。只有这样，他才能有机会不被人看穿。

为了保险，地位追求者把注意力集中在不可能存在仿品的领域。如果他有财力买一辆小型车，他一定要买一辆中型车；如果他能买中型车，他一定要买大型车；如果他能买一辆车，他一定要买第二辆车兜风；如果大型车司空见惯，他一定要买一辆昂贵的进口跑车；如果尾灯成为时尚，他就买最新型的大尾灯型号，以便“让后面的人知道他在前面”，就像广告词说的那样言简意赅。他唯一不做的事情就是买一排硬纸板做的仿真劳斯莱斯并将其停在车库门口。在疯狂向上爬的世界里，仿钻没有一席之地。

汽车是一个典型的例子，而且很重要，因为它们是公开亮相的商品，但狂热的地位追求者不会就此罢休。如果要把自己描绘为竞争者心目中令人信服的地位较高的人，他就必须要尽量伸展拳脚，四面出击，尽量增加存款余额。分期付款、分期贷款和透支的全套把戏所依托的是向上爬的强烈渴望，其体现则是高位模仿。

遗憾的是，矢志不渝的地位追求者落入的奢侈陷阱获得了至关重要的意义，以致其意义名不副实。毕竟，这些陷阱仅仅是高位模仿，而不是优势本身。真正的优势和社会地位与权势有关，是凌驾于下位者之上的权力和影响，和拥有第二台彩色电视机没有关系。当然，如果你只有财力购买第一台彩电，却偏要买第二台彩电，那又是另一个问题。这可能会给比你高一级水平的社会成员留下印象，使他们觉得，你准备要加入他们的行列，但这不可能保证你一定能加入。因为你这个阶层的所有对手都开始忙于张罗第二台彩电，他们和你一样也想往上爬，但等级系统的基本定律是：只有少数人才能够再上一个台阶。只有这些成功的幸运儿才有理由给自己的第二台彩电套上一个花环。他们的高位模仿如愿以偿。其余的所有失败者都只能原地不动，处在那些高位模仿物品的包围中；而这些物品却突然原形毕露——不过是光彩的幻觉而已。他们突然意识到，对他们向上爬，这些东西固然有辅助作用，但并非成功的包票，反而只会使他们自食苦果。

过分追求高位模仿造成的破坏可能会十分严重。对不太成功的地位追求者而言，其后果是使人压抑而一蹶不振；而且，它还使这些奋斗结果不理想的人付出很大的心血，使他们没有多少时间或精力做其他的事情。

男性中的地位追求者过分迷恋高位模仿，身不由己地怠慢了家人。他的妻子不得不接过他的家长角色；他的举措使孩子生活在心理创伤的氛围中，他们成人后的性别身份很容易扭曲。年幼的孩子发现，父亲丧失了家长的角色。为了在家庭之外争夺优势，他置父亲的角色于不顾；在超级部落的气氛中，他的失败对孩子心智的成长没有任何好处。倘若这样的孩子成年后身心健全而平衡，那才是咄咄怪事。稍大的孩子懂得超级部落地位的竞争，他会吹嘘父亲在这方面的成就，但即使这样他也会觉得失去了父亲的积极影响，因为父亲的成就没有给他带来什么补偿。即使父亲在外面的地位上升，他也容易沦为家人的笑谈。

我们苦苦拼搏的超级部落人大惑不解。他遵守一切规则，但还是出错了。人类动物园的超级地位要求实在很残酷。他要么失败而幻灭，要么成功却失去了对家庭的控制。更为严重的是，他努力拼搏的结果可能是，既失去家庭的控制地位又不能向上爬。

这就使我们自然进入了一个更加富有暴力色彩的路径，有些超级部落的成员在高位模仿中受挫时，可能会做出这样的反应。动物行为学家将这样的暴力称为“攻击转向”（redirection of aggression）。最好的时候，这种转向令人不快；最坏的情况下，它就会产生致命的后果。两只敌对的动物见面时，这一现象相当明显。双方都想进攻，但双方又害怕。如果一只动物吓唬另一只动物，后者应战并发起攻击，而前者却避而不战，使对方无处发泄，那么，第二只动物就会寻求另外的发泄渠道。它就会找一只替罪羊，一只比较温顺的、不那么可怕的动物，就会把它憋着的怒气转向这只替罪羊。而替罪羊本无过错，并不该受到攻击；它唯一的过错就是太弱小，不那么可怕。

地位竞争中经常出现这样一种现象，下属不敢对优势者发泄愤怒，因为那样做风险太大。他不得不转向其他地方去发泄。他的怒气有可能转向自己的孩子、妻子或宠物狗。昔日，他家的马就可能伤痕累累；今天，他的汽车变速器就成了出气筒。如果他幸而有自己的下属，他就可能喋喋不休地数落下属。如果他在所有这些方向上都受到抑制，他总会找个人当受气包，那就是他自己。他可能会患上溃疡病。

在极端情况下，当一切事情都极端绝望时，他的自残可能会无以复加：自杀。（动物园里的动物有自残的现象；无法穿过铁栅去攻击敌人时，它们可能会撕咬自己的肢体，直到骨头露出，但自杀似乎仅见于人类。）有关自杀的主要原因众说纷纭，但很少有人否定，攻击转向是主要的因素。一位权威学者说：“除非想要杀人或至少希望别人死，否则谁也不会自杀的。”也许，这是夸大其词。因不治之症、奇痛难忍的病人也可能会自杀，这样的病人很难被纳入想杀人的范畴。如果你想说，自杀者想要杀医生，因为医生没治好他的病，那未免是异想天开。他想要的无非是解除痛苦。但这位病人选择的攻击转向似乎能够用来解释许多自杀案例。以下是支持这种自杀念头的一些事实。

大镇和城市里的自杀率比乡间高。换句话说，地位竞争最激烈的地方，自杀率就最高。男性的自杀率比女性高，但女性的自杀率正在紧追上来。换言之，在最积极参与地位竞争的男性里，自杀率最高。如今，女性从家务中解放出来参与地位竞争以后，她们自然就分担了自杀的危险。经济危机时期的自杀率比较高；换言之，地位竞争在顶端陷入困境后，攻击转向就随之增加并自上而下传播，产生灾难性后果。

战争时期的自杀率比较低。20 世纪的自杀率曲线在两次世界大战期间下降。换言之，既然可以杀人，何苦要杀自己？引起杀人的因素以及挫败潜在自杀者的因素使这些人转移其暴力的方向。他可以选择杀害不那么令人生畏的替罪羊，或选择自杀。在和平时期，杀人的抑制因素多半使他转向自己；在战争时期，他奉命去杀敌人，自杀率自然就下降了。

自杀和杀人关系密切。在某种程度上，它们是一个硬币的两面。在他杀率比较高的国家，自杀率就比较低，反之亦然。仿佛是积蓄的攻击性太多，需要释放，而释放的方式则非此即彼。释放的具体方式取决于社区里对他杀的抑制因素。如果抑制力量弱，自杀率就下降。这和战争时期情况类似，在那时，抑制杀人的力量被积极而刻意地压制住了。

不过大体上说，在现代超级部落里，杀人行为被抑制的趋势非常明显。我们大多数人从来不会陷入靠掷硬币来决定他杀/自杀的困境，所以我们难以理解这样非此即彼的冲突；不过，从理论上和生物学来说，自杀不如他杀自然。尽管如此，自杀和他杀的数字还是与理论上的推断相反。以英格兰近年的情况为例，每年的自杀总是在 5 000 例徘徊，而每年（破案）的他杀始终在 200 例以下。而且，如果查看这些他杀案子，还会发现意外的现象。我们大多数人对他杀的理解来自新闻报道和侦探小说，但报纸和惊险小说把重点放在促销报纸和小说的谋杀案上。实际上，最常见的他杀是不吸引人的、悲惨的家庭琐事，受害者往往是直系亲属。1967 年，不列颠的谋杀案一共 172 件，其中 81 件是骨肉相残。而且，在其中的 51 例中，谋杀者杀人后自杀。这类先杀亲人接着自杀的案子里往往是一个男人，他走上绝路，把攻击转向自己，首先杀亲人，接着杀自己。常常是这样的情况：他不忍心留下亲人为他的烂摊子受罪，所以他先把他们送走。研究谋杀的学者发现，谋杀犯可能会出现一种耐人寻味的变化。如果他没有完成预谋的计划，没有使自己陈尸被害亲人的尸体旁，他可能觉得，巨大的心理紧张释放了，因而突然放弃了自杀的念头。社会压制他，使他受挫，以至于他想自杀，所以杀死亲人变成了他对社会的报复；他的压抑得到解除，心理得到解脱；他陷入困境：亲人陈尸眼前，一切迹象显示，他犯了多重谋杀罪。但实际上，那只是因绝望而自杀的一部分后果。这种悲惨结局是攻击转向的极端噩梦。

所幸的是，我们大多数人不会走向这样的极端。家人的感觉只不过是，我们回家晚时偶尔郁郁不乐，牢骚满腹。许多超级部落人在电视上或电影院里看别人杀坏人，从中找到发泄的渠道。耐人寻味的是，在受制于人或受压迫的社区里，电影院放映的暴力片比较多，其比例高得引人注目。实际上你可以说，虚拟暴力那惊险的吸引力，和实际生活中追求优势地位而受挫的情况有直接的比例关系。

在一切大型的超级部落里，规模本身就产生了广泛的因追求优势而受挫的现象，所以，虚拟的暴力就广泛存在。为了对这一现象进行验证，我们只需对国际书展上暴力小说的销量和其他书籍的销量做一比较。最近有人就全世界畅销不衰的小说做了调查，一位撰写极端暴力的小说家，在排名 20 强的书单上就出现了 7 次，其作品的总销售量达到了 3 400 万册。1964 年，对纽约地区广播电视节目的详细分析表明，一个星期之内的攻击性事件就不下 6 800 宗。

显而易见，有一种强大的冲动是旁观他人受制于极端的暴力。这显然是受压抑的攻击性的发泄渠道，至于它是否有益无害，还是争论不休的问题。和高位模仿一样，旁观暴力的原因也显而易见，但其价值则令人生疑。阅读或观看迫害行为并不会改变读者或观者的生活境遇。他可能在阅读和观看时喜欢那样的经验，但一放下书，一停止观看，他又重新回到现实生活的冷静光照之下，他还是要过受制于人的生活。紧张情绪的释放仅仅是短暂的体验，和蚊虫叮咬后挠痒并无区别。而且，挠痒可能有增加感染的机会。反复体验虚拟的伤害往往会加重对暴力的迷恋。最好的做法是，在体验暴力时，读者或观者不使用暴力。

有人说，转移攻击性方向的行为是“……勤杂工踢猫的现象”。

言下之意是，唯独等级系统底层的人才会把压抑的愤怒转向动物。遗憾的是，动物的遭遇并不是这样的，动物保护协会的统计数字就是证明。从最古老的文明开始，虐待动物一直为攻击性的转移提供了发泄的渠道，直到今天莫不如此。无疑，虐待动物的行为不限于社会等级系统的底层。从古罗马的斗兽到中世纪的斗熊再到现代的斗牛，伤害和杀害动物对超级部落的社会始终具有相当大的吸引力，这是难以否认的。事实上，自从我们的远祖转向狩猎生活时起，人就在残害并杀死动物，但在史前时代，人的动机与今天截然不同。严格地说，那时不存在残忍的行为，因为残忍的定义是“从他人的痛苦中取乐”。

在超级部落时代，我们杀害动物有四种原因：获取食物、衣物和其他材料；消灭害兽害虫；推进科学知识；体会杀戮的快感。第一、二种原因和我们的远祖相同；第三、四种原因是超级部落条件下的新现象。我们在这里只关心第四种原因。其他三种原因也有可能带有残忍的成分，但残忍不是其首要特征。

故意虐待动物的历史走了一段奇怪的道路。远古的猎手和动物有亲缘关系，猎手尊敬动物。同理，初期的农夫也尊敬动物。然而，都市人口急剧增长以后，大群的人和动物切断了直接的接触，尊敬之情自然就丧失殆尽。文明发展了，人也就傲慢了。他视而不见这样的事实：他和其他动物一样，也是动物。一条鸿沟出现了：唯独他才有灵魂，其他动物是没有灵魂的。它们只不过是造化放在大地上供人取乐的野兽。随着基督教影响的扩大，动物踏上了一段看客的路程。我们不必在此赘述，但值得指出的是，晚至 19 世纪，教皇庇护九世（Pope Pius Ⅸ）还不允许在罗马设置动物保护机构，理由是人对同类有义务，对动物没有义务。19 世纪稍晚，一位耶稣会士写道：“野蛮的动物没有理解力，因而不是人，所以不能有任何权利……因此，我们对动物没有慈善的义务，也没有任何其他义务，就像我们对树桩石头没有义务一样。”

当时，已经有一些基督徒开始怀疑这样的态度，但直到达尔文的演化论对人的思想产生重大影响以后，人和动物的关系才再次接近了。人与动物的亲近对远古的猎人是自然而然的；人再次接受这样的关系以后，人类尊敬动物的第二个时代随之开启。自此以后的一百多年里，我们对故意虐待动物的态度发生了迅速的变化。不过，尽管人们越来越反对虐待动物，但这样的现象还是屡见不鲜。公开展示虐待行为的情况比较罕见了，但私下的残暴行为依然存在。我们可能尊敬它们，但它们仍然低于我们，既然如此，它们就很容易遭到杀害，成为攻击性转嫁的受害者。

紧随动物之后，儿童是最容易受害的低位者；虽然这里的抑制因素要大得多，但他们仍然遭到大量的攻击性转移的暴力。在一定程度上，迫害动物、儿童和无助下属的恶劣行径是一把尺子，可以用来衡量加害者遭受的压力。

即使在杀戮被美化的战争状态下，这样的机制也在起作用。士官和军士常常用极端残忍的手段欺负士兵，不仅是为了执行纪律，而且是为了激起仇恨，目的是眼看士兵将仇恨转移到敌人身上。

回眸历史我们看到，从上到下的重压是超级部落的必然特征，我们看到它造成了多么严重的伤害。仅仅几千年以前，人不过是淳朴的部落狩猎人；今天，用动物的标准来衡量，他在不正常的境遇中产生的行为也是不正常的。他过分模仿高位者，他旁观暴力而感到兴奋，他虐待动物、儿童和极端的弱小者；他的杀戮行为，以及无路可走时自虐和自戕的行为，等等——诸如此类的行为都是不正常的行为。我们的超级部落人怠慢家人以便在社会阶梯上攀登，幸灾乐祸地欣赏书本和电影里的残暴行为，用脚踢宠物狗，迫害弱小者，折磨受害人，杀戮敌人，患上抑郁症，吞枪自杀，这一切都惨不忍睹。超级部落人经常自吹在动物世界里独步天下——在残忍这一点上，他毫无疑问是独一无二的。

诚然，其他物种也存在激烈的地位争夺，而且夺取支配地位是它们社会生活中旷日持久的要素。然而，在它们的自然栖息地里，野生动物从来不会把争夺行为推向极端，极端行为是现代人生活条件下才可以看到的行为。正如我开宗明义所言，唯独在动物园拥挤的铁笼里，我们才能够看到接近人类激烈争夺的情况。在圈养条件下，如果动物太多、太密集，笼中空间不足，那就必然会产生严重的后果。迫害、伤害、杀害行为就会发生，动物就会患神经官能症。但即使最没有经验的动物园负责人也不会把动物塞进狭窄的空间，也不敢想象，如果动物的拥挤程度达到现代城市人口拥挤的程度，问题会多么严重。即使缺乏经验的负责人也会很有把握地预测，如果动物达到人那种不正常水平的拥挤程度，它们正常的社会生活模式就必然要解体和崩溃。倘若有人愚蠢到向他提出建议，尝试用人口拥挤的方式去安排猴类、食肉类或啮齿类的生存空间，他一定会感到震惊。然而，人却心甘情愿地这样安排自己的生活；他就在这样的条件下挣扎，居然还生存下来了。用一切规律来衡量，人类动物园如今都应该是狂呼乱叫的疯人院，土崩瓦解，天下大乱。愤世嫉俗的人可能会说，情况正是这样，然而情况显然不至于如此。人口密度增大的趋势，非但没有消减，反而势头更猛。本章描绘的各种行为失序之所以令人吃惊，与其说是因为其存在，不如说是由于其罕见；和人口的规模相比，这样的混乱不算多。苦苦挣扎的超级部落人很少由于崩溃而走极端，采用本章介绍的极端行为的人少得令人吃惊。相对于一位绝望的地位追求者、摧毁家庭的人、谋杀犯、自杀者、迫害者或溃疡病患者，总有数以百计的男男女女活得很好；不仅如此，在超级部落拥挤的非常情况下，他们还生儿育女，生活滋润。这样的局面实在令人瞠目，它证明了我们这个物种百折不挠、随机应变、心灵手巧的非凡生命力。

第三章

性行为与超级性行为

你把食物放进嘴里时未必是肚子饿。你喝饮料时未必是口渴。在人类动物园里，吃喝获得许多功能。你嚼花生可能是为了消磨时间，你含水果糖也许是为了放松神经。你可能像品酒师，抿一口、尝一尝就把酒吐了；你也可能参赌，一口气灌 10 品脱啤酒。在特定情况下，你甚至准备吞下羊的眼珠子，以维护自己的社会地位。

在上述饮食活动里，没有一种具有真正的营养价值。基本行为模式的多功能应用，在动物界不乏先例；但在人类动物园里，无所不用其极地拓展强化了这样的机制。从理论上讲，这是我们超级部落生存的一大优势。然而，如果我们处理不当，就会弊端丛生。如果我们为了松弛神经而吃得过多，我们就会发胖而不健康。如果我们饮酒过量，我们就会伤肝或上瘾。如果我们狂热品尝许多美食而不节制，我们就会消化不良。之所以会产生这样的困境，是因为我们没有把非营养的吃喝功能和基本的营养功能区分开来。古罗马人用羽毛刺激喉咙呕吐，呕出不需要的食物，我们对此却望而却步。品酒师抿酒而不吞酒，这仅仅是普遍习惯里的例外。然而，只要保持适度地小心谨慎，我们还是可以享受饮食的多种功能，而不至于受到严重的伤害。

与此相似，性行为也是动物的基本行为，性行为比饮食要复杂得多，值得我们特别注意。在这里，人们未能把非生殖功能和基本的生殖功能区别开来的情况更加严重。尽管其灾难性后果有时会使人蒙受重大损失，但这并不妨碍人类动物园把性行为转化为多功能的超级性行为。人利用机会的能力没有止境，所以如此功能基本、给人报偿的性行为反倒不具备多种功能，那实在是不可思议。实际上，虽然花样翻新的功能存在风险，在人类的一切活动中，性行为是功能最繁复的活动，其主要功能不少于以下十种。

下文对性行为逐一分类考察，这有助于清楚说明问题。但重要的是一开始就意识到，虽然这些功能是分离的、有所区别的，而且有时彼此矛盾，但它们并非彼此排斥。任何具体的求爱或性交都可能同时具有好几种功能。

以下是性行为的十种功能。

1. 性行为的生育功能

毫无疑问，这是性行为最基本的功能。有时有人错误地说，这是唯一自然而恰当的功能。然而实际上，有些持这一主张的宗教团体并不践行这一主张，虽然他们认为生儿育女是最自然的行为，可是修士、修女和许多牧师是守身如玉的。

人口严重过剩的问题很重要，有一点需要在这里补充。种群数量过多时，生殖功能锐减，最终成为公害。那时，生殖功能不再是基本的生存机制，反而成了潜在的毁灭机制。有时，这样的灾难就发生在旅鼠和田鼠身上。当植物异常茂盛时，它们就大量繁殖，致使种群密度达到爆炸性边缘，导致大量死亡。此刻，人类也面临这样的局面；不久，人们就不得不面对这样的强制措施：只有获得准生证的人，才能够生儿育女。

这是不可等闲视之的大问题，近年引起激烈的争论，值得我们审视双方的立场。现在很少有人认真进行这样的考察，因为论战迫使双方采取越来越极端的立场。

争论的基本问题是：一方问，我们胆敢干预生育吗？另一方则问，我们胆敢不干预生育吗？一般地说，论战升级到哲学、伦理、宗教的层面，但如果我们从生物学的角度看这些论战，它们究竟像是什么问题呢？

如果一群人反对用有效的技术手段来限制生育，就获得两种好处，这群人的生育速度就会超过采取现代避孕措施的群体。首先，由于人口数量占优势，这一群体最终就可能淹没其他群体。这种结果对其军事首领或宗教首领必然有吸引力，因为这可以确保基本社会单位即家庭的牢固。一对生育的夫妇不仅是一个性活动单位，而且是一个育儿的单位，父母越忙于养育儿女，家庭就越稳固。

这样的论点振振有词，但对方也理直气壮。主张采用有效避孕手段的人指出，问题不再是一个群体在人口上压倒另一个群体。人口过剩已经成为全球问题，必须用全球眼光来看待。在这个方面，我们人类就像一个庞大的旅鼠种群，一旦人口爆炸，必将殃及每个人。实际上每个人已经受到影响。

至于家庭这个单位，可以说，避孕并没有造成不自然的局面，只是重塑了一个自然的家庭。在现代医疗、卫生等保健手段出现之前，家庭固然可以养育许多儿女，但也会失去很大一部分儿女。适当适量的避孕手段只不过是把出生后的损失提前到精卵结合之前罢了。

倘若我们不推行全球范围的避孕政策，那么，其他控制人口的因素必然会接踵而至。人类的人口正加速逼近饱和点，如果我们不自愿节制生育，现有的人口就会受难。如果预防重于矫治，那么，避孕是显而易见的选择。有人认为，预防出生比治疗生存的病患更不可取，这样的观点难以走遍天下。个体的人不是简单的有机体，不可随意处置，而是需要多年成长和发展的高品位的生物产品，需要得到他应该得到的一切呵护。尽管如此，反对避孕的人仍然固执己见。倘若他们的观点占了上风，他们鼓励出生的大批人口就会涌进这个世界，这一代人就会看见人类社会的彻底崩溃。

2. 性行为的结偶功能

从生物学意义来看，人基本上是喜欢结偶的动物。随着一对潜在配偶的感情加深，性行为就起到辅助和鼓励的作用。性行为的结偶功能对人类非常重要，在配偶形成阶段之外，性活动都不会有如此之高的深情投入。

这一功能可能和性行为的非生育功能冲突，由此会引起诸多麻烦。即使避免了生育功能，怀孕并未发生，无意结偶的两人也可能自动地形成配偶关系。于是，偶发的性交常常就产生诸多问题。

如果偶发性爱的一方的结偶机制在童年时就受到伤害，因而不能“陷入情网”，如果短期内可以压抑结偶的冲动，那么率性而为的性交就可能成功，就能得到乐趣而不会产生令人不快的后果。然而，性事需要两个人参与，另一方可能会不那么幸运。如果他或她的结偶机制更加活跃，由于强烈的感情投入，单相思就会形成。其必然后果就是“破碎的心”“烦恼的人”和“被遗弃的情人”，他们往往一蹶不振，难以结交新欢并形成配偶关系了。

只有在双方的结偶机制都受到损害或压抑时，偶发的性事才不至于遭遇不必要的风险。但即使这样的性事也总是存在风险，因为一方的感情回应可能很深，原来受损或被抑制的结偶冲动有可能被修复了。

3. 性行为的配偶维护功能

配偶关系形成以后，性行为仍然发挥着维护和强化这种关系的作用。虽然性行为可能更老练、更频繁，但和配偶形成阶段相比，其烈度稍次，因为配偶形成功能不再起作用了。

多年的配偶由于战争、公务或其他需要而长期分离时，性行为的配偶形成功能和配偶维护功能的分别就十分显著了。久别重逢时，起初几夜的房事烈度会重现高峰，他们又会重温配偶形成阶段的强烈的感情投入。

在这里，我们必须对一种看似矛盾的现象做出解释。在有些文化里，包办婚姻或反性事宣传干扰了生物学意义上的“恋爱”过程，一对新人可能会在根本没有结偶机制发轫的情况下进了洞房，他们可能对性事持强烈的压抑态度。在这样的情况下，他们可能会说，（如果幸运的话）他们稍后阶段的性事更加强烈。在他们身上，配偶维护阶段的性事似乎比配偶形成阶段更加强烈，这似乎和我刚才描述的情况刚好是颠倒的，但实际上并不矛盾，只不过是真正的配偶形成阶段被人为地推迟了。

这样的夫妻并非总是那么幸运。这样的家庭常常要借助外在的社会压力来维持，而不是依靠更基本、更可靠的内在结偶机制。如果一方未能形成生物学意义上的配偶关系，强烈的婚外配偶关系就会突然形成，这样的危险是相当大的。如果真正的配偶形成能力被闲置起来，它就会时刻准备迅速行动，这就给正式认可的“假性配偶关系”（pseudo-bond）带来灾难。

至于以真正的配偶关系为婚姻基础的新人，则存在着另一种危险。这不是反性事宣传造成的危险，而是来自对性事的过分宣传。过分的宣传使他们以为，即使在配偶关系形成以后，那个阶段高强度的性行为在婚后会一如既往。当婚后的房事必然不如预期时，他们可能会想象婚姻出了问题；其实，他们只不过进入了正常的配偶维护阶段的性行为。性行为的生育功能既可能被夸大，也可能被低估，两种情况都可能会产生危险。

以上三种功能是人类性行为的基本生育功能。下文将要检视性行为的非生育功能。此前，有必要在这里做一点总体的评述。有些人的配偶形成机制曾遭遇困难，有时他们会说，人类不存在生物学意义上的结偶欲望。他们说，所谓“浪漫的爱情”是现代生活的产物，不久前才出现的，而且是人为造成的。他们认为，人类与猴类表亲一样，性行为比较多，但没有固定的配偶。然而事实正好相反。诚然，在许多文化里，由于经济原因，配偶形成的模式遭受严重的扭曲，如果恋爱模式对正式的包办婚姻构成干扰，它还会受到严厉的压制和惩戒，但配偶形成模式还是会顽强地重新抬头。从古至今，明知偷吃禁果被发现后会被处死，年轻的恋人还是要身不由己地去冒险，这就是基本的生物学机制。

4. 性行为的生理功能

健康的成年男女有一种基本的生理需求，他们需要反复完成的性行为。如果没有这样的圆满结局，生理的紧张就会逐渐积蓄起来，直到身体需要发泄。凡是达到性高潮的性行为都会使生理紧张获得释放。即使性交没有完成其余九种功能里的任何一种功能，它也会满足基本的生理需要。对没有配偶的男性或由于其他原因性生活不成功的男性而言，嫖妓就具有这样的功能。

最近关于美国人的一项研究显示，58%的女性和92%的男性在一生中都曾有过用手淫达到性高潮的经验。因为这样的性行为不需要性伴侣，又不会怀孕，所以历史上曾有过压制手淫的清教徒式的态度，围绕手淫还产生了各种稀奇古怪的迷信。手淫造成的灾难有一大串：脱水、不育、虚弱、性冷淡、暴躁、苍白、歇斯底里、晕眩、疼痛、死亡、癌症、胃溃疡、性器官癌症、肠胃失调、头痛、阑尾炎、心衰、肾病、荷尔蒙短缺、失明等。一年又一年、一个世纪又一个世纪，这一连串警示造成了无数的苦难和恐惧；要不是这样，这一长串不可思议的灾祸一定会使人忍俊不禁。所幸的是，这些全然错误的迷信终于开始失去地盘，大量不必要的焦虑逐渐烟消云散了。

如果得不到积极的性释放渠道，人体会自行释放性欲。独身男女睡眠中都可能出现自发的性高潮。两性都可能体验到梦淫，两性都可能有性高潮的肌肉反应，女性可能有阴道分泌物，男性则会遗精。

看来，即使最禁欲、最虔诚的教徒也会有自发的性高潮体验。不过，他们用五花八门的方式予以描绘，将其称为宗教狂热、极乐或狂喜。比如，圣特蕾莎[①]就描绘这是天使来访："他手握一根金色的长

① 圣特蕾莎（Mother Teresa of Calcutta，1910—1997），世人最敬重的天主教慈善工作者之一，活跃在印度加尔各答，1979年获得诺贝尔和平奖，是诺贝尔奖百余年历史上最受尊崇的三位获奖者之一。——译者

枪，在枪尖铁矛周围，我看见了一团火；他好几次把枪尖扎进我的胸膛，深入我的内脏。他拔出枪尖时，我想他把我的内脏全都带出来了，我全身燃烧着一团烈火，这是上帝伟大的爱。疼痛难忍，我不仅数次呻吟尖叫，剧痛使我体验到无比的甜美，谁也不想失去这样美妙的感觉。”

遗憾的是，我们对极端独身者的自发泄欲渠道几乎一无所知，难以依据这种性高潮的普遍性和频率做出任何证据确凿的判断。不过，我们的确知道，入狱前性生活活跃的囚徒常常表现出明显的梦淫。一项研究表明，在208名女囚中，60％以上的人表现出梦淫。

然而，如果把梦淫当作其他积极释放渠道不存在时维持性发泄的唯一补偿机制，那就会给人错误的印象。情况之复杂不止于此，比如嫖妓和手淫还具有其他性功能。又比如，有些人在积极性生活频率很高的情况下还出现梦淫增加的现象，这就是所谓的超敏感原理：“得之越多，想之越盛。”不过，这一原理并不会使以下证据失效：自发的性高潮可能而且必然是对性剥夺的回应。这仅仅表明，梦淫现象比较复杂。不过，我们这里关注的仅仅是简单的性行为的“生理紧张的释放”。显然，这样的释放功能也该被纳入人类性行为十大基本功能的范畴。

生理性性行为在其他动物身上也可以看到，我们来看几个例子。如你所料，在动物园里而不是在野外的动物身上最容易看到这样的现象。许多圈养动物孤独难耐时常常会“手淫”。在圈养的猴类和猿类身上最容易看见“手淫”。雄性有时用前肢或后肢“手淫”，有时用嘴巴舔舐阴茎，有时用尾巴刺激阴茎。雄象用鼻子刺激阴茎；没有雄象做伴时，雌象用鼻子互相挠性器官。有一只单独圈养的狮子曾经在墙边倒立，用前爪“手淫”。有的雄豪猪用三条腿行走，腾出一只爪子去抓阴茎。一只雄海豚把勃起的阴茎对着海豚馆灌水的喷头去寻求刺激。动物似乎也会梦淫，家猫睡眠时也有阴茎勃起并射精的现象。

5. 性行为的探索功能

人类最伟大的特点之一就是创造性。很可能，我们的猴类祖先已经有相当水平的好奇心；好奇心是整个灵长类的特征。然而，我们的早期人类祖先转向狩猎生活时，发展并强化了这一特征，增强了详细探索环境的基本冲动，这是毫无疑问的。显然，探索本身就成了目的，使人进入新的原野，获取新的成就，不断调查研究。人总是不断提出新的问题，绝不会满足于旧的答案。这一探索欲望非常强烈，很快就扩散到其他行为领域。超级部落的条件来临以后，连简单的身体移动模式也在探索中花样翻新。我们不满足于行走和奔跑，还尝试原地跳、跳绳、跳远、行进、舞蹈、手倒立、撑竿跳、跳水和游泳，试验本身即发现新的花样就给人一定的报偿。（发现之后不断重复发现的模式给人进一步的报偿，不过，这不是我们此刻的关怀所在。）

在性行为领域，探索的趋势会产生许多花样。性伙伴试验新的性刺激方式。古人的性描写详细，记载了大量新奇的性交动作、肢体紧压的方式、手淫、身体的接触、人体的气味和性交的姿势，这一切都是色情尝试的主题。

性探索是必然的发展趋势，类似的其他感官探索模式比如饮食行为也随之发生，但各种文化里都出现过反复压制性探索的尝试。正式的理由常常是我们耳熟能详的断言：繁复多样的性探索超越了生育的需要；性探索的意义在于，它有助于强化配偶关系，却忽略了加强家庭的纽带。这样的观点之所以令人遗憾，有一个特别重要的原因。我已经提到过，配偶关系完全形成以后，配偶形成阶段强烈的性爱自然会有所减缓。理论上说，如果家庭成功，又不受外力的骚扰，那就万事大吉。家庭是一个弹性的制度，如果年轻夫妇在配偶形成阶段消耗精力的性爱创新无限期地延长，那就会损害家庭的其他活动。但在超级部落条件下，紧张和压力的确在骚扰家庭，外部压力强大。用广泛的性探索取代形成配偶关系的烈度，是婚后性生活的理想出路，虽然这样的广泛探索受到反复的压制，但直到今天，许多夫妇仍然乐此不疲。

唯有一个缺点。探索新奇的性刺激令人激动，在配偶之间实践时，对家庭大有裨益，然而它可以表现为另一种形式。满足探索新奇行为的欲望不仅可能发生在熟悉的配偶之间，而且可能是另一种形式：用熟悉的性模式去探索新的性伙伴，甚至用新的性模式去探索新的性伙伴。

由此可见，探索性性行为的发展是一柄双刃剑，利弊同在。我们的超级部落文化重视探索行为的裨益，如我们的教育、学术、科学技术都依靠探索；同理，我们的其他行为模式的探索冲动也得到加强。但在性事领域，探索行为却常常引起困难。想到妻子到性交技巧学习班去听课，想到丈夫到性技巧健身房去活动肢体，这很伤害长期的夫妻关系，因为它干扰性配偶机制固有的排他性特征。因此，背着配偶的性试验只能够私下或秘密进行，于是背叛配偶的新危险就登场亮相。结果，人类悠久而根本的核心即家庭就受到伤害。不过，由于这样那样的原因，人类家庭还是安然无恙。

倘若人类是另一个物种，这样的困难就不会发生。倘若我们像海龟一样在沙滩产卵，任其孵化，那就是另一种情况。但由于我们养儿育女的责任重大，夫妻之外的性试验就面临两种危险。婚外性行为不仅激起强烈的性嫉妒，而且还可能催生偶发的性伙伴关系，这就对儿女造成长期的伤害。偶尔，复杂的性合作群体和性公社可能会正常运转，但无弊端的成功案例似乎仅见于远离社会的孤立社群中，十分罕见，而且仅存在于罕有的异常人格中。如果要这一类性试验顺利进行，那就必须具备一个条件：一切参与者都必须压制自己的心思，绝不能心神荡漾。

如果把后宫制放进广阔的超级部落成功的背景中去衡量，尽管它比较普遍，但它却命途多舛。有学者指责说，后宫制是相关文化里社会衰落的原因之一。

和其他九种性行为的功能一样，性行为的探索功能在其他动物也是可以看见的基本功能。因为它需要相当高水平的创造性，所以这一功能多半仅限于灵长类就不奇怪了。在圈养的条件下，大猿尤其表现出相当程度的性试验，包括性交姿势，但这类探索行为并不见于野生的猿类。

6. 性行为的自偿功能

详尽列举性行为功能的清单时，如果不包括建基于“为性而性”理念的功能，那就是不完全的。这种功能就是自身带有报偿、不考虑其他功能的功能。这一功能和性探索关系紧密，但其区别又很明显。

性探索功能和性自偿功能的关系颇像探索游戏和进行游戏的关

系，亦像儿童随意的游戏和有规则游戏的关系。孩子们冲进一块新的游戏场地时，起初往往左冲右突，来回乱跑，四处探索。过了一会儿，几乎无序的行为才变成有模式的系列行为。游玩的结构浮出水面，一种“游戏”随即产生。不同的环境日益产生不同的游戏，爬山、躲猫猫、打猎会因地而异。正规的游戏一旦产生，在其他场合再出现时不会有大的变化。如果这种游戏是给人报偿的模式，尽管它不再新奇，它也会一再露面。起初无序的玩耍令人兴奋，因为它是探索性的游戏；后来重现的模式令人激动，因为它是自偿性的游戏。

探索性性事和自偿性性事的相似性一望而知。有时，夫妻的房事既不考虑生育，又不搞新奇的试验，却非常令人满意，而且其功能远远超越房事的配偶维护功能。于是，这种功能就可以纳入我们这一节探讨的自偿功能。这就是自偿性性功能，或者叫纯粹的色情。这种性事与行房者的关系就像美食与美食家的关系，亦像唯美与艺术家的关系。如果你赞美大快朵颐的体验，讴歌升华的唯美体验，却谴责美妙的色情体验，那就是言行不一。但许多人的确经常发表这种表里不一、自相矛盾的言论。诚然，过分的自偿性性行为有时会产生问题，但过分的美食或唯美追求同样会产生问题。性事唯美的极端追求会使人筋疲力尽，从事其他事情的精力就会所剩无几，生活方式就会失衡，正如极端追求美食会引起严重的肥胖并损害健康一样，亦如极端的唯美追求会造成损害，使人忽略其他社会生活一样。自偿功能这一规律对性事、美食和审美都是适用的。

过分追求为性而性这一现象说明，当事者有一定的余暇和精力。反过来这说明，基本的生存需要已有保障，衣食无忧。在人间，这种生活环境是都市环境。在动物界，这就是动物园里的圈养生活：食物有人提供，天敌已被清除。我们在这里看到高度活跃的性行为就不足为奇了。

7. 性行为的解闷功能

这种性行为有治疗作用，又可以叫作对抗无聊的手段。这一功能和上述自偿功能关系密切，但其区别也清楚可见。有余暇和无聊感是有区别的。自偿性性行为有许多方式，它们有一个共同的特征：建设性地利用余暇，没有丝毫无聊症候的迹象。其功能是对感知报偿的积极追求。相比而言，解闷的性事的作用是治疗，用来矫正枯燥单调的环境产生的消极生存境遇。轻微的无聊使人无精打采、方向不明、缺乏动力。在凄凄惨惨、空空荡荡的环境中，极端无聊的冲击则迥然不同。这样的无聊产生焦虑、激动、烦躁直至愤怒。

有人做了这样一组试验，让一些学生独自一人待在呆板的小屋里，戴上不透明的墨镜、厚重的手套，使之不能用手灵活地做细腻的动作。试验结果令人瞠目。随着时间一小时又一小时过去，他们越来越难以放松，不得不煞费苦心在这个限制人的环境中做一些小动作：吹口哨、喃喃自语、敲打节拍，只要能破除单调无聊的任何动作都调动起来，即使荒唐也不在乎。几天以后，他们就表现出极端紧张的迹象，感到难以忍受，再也不能坚持了。

可见，极端的无聊并不是躺着不动，事实正好相反。此时，任何活动都可以解闷，只要能够行动，任何动作都受欢迎。极端的无聊对人构成极大的威胁，它使人不能欣赏自偿活动提供的感官愉悦；解闷行为首先是解除无所事事的痛苦。无所事事会损伤神经系统，大脑会全力以赴保护自己。

在一般无聊的情况下，也就是在空荡荡的环境中，而不是在上述人为布置的试验环境中，最方便的用来破解无聊的东西就是自己的身体。没有任何东西可资利用时，万般无奈总是可以转向自己身体的：咬指甲、挖鼻孔、抓头发都可以解闷；身体的刺激还可以产生性反应。因为目的是产生最大限度的刺激，所以此情此景的性行为可能会相当野蛮和痛苦，又好似严重的自残，即伤害性器官。在一定意义上，这样的痛苦是奇怪的治疗，而不是偶然的产物。典型的现象是野蛮而长期的手淫，包括撕扯肌肤，把锐器插进生殖器等。

极端的解闷式性行为可见于囚犯，因为他们正常的、富有刺激性的环境被强制切断了。这不是生理性性行为，因为比较而言生理需要的性行为是相当容易满足的。

病理性内向人的身上也可以看到解闷式性行为。其发生地点表面上可能具有足够的刺激因素，但更仔细的考察却显示，虽然自慰者身处使人兴奋的刺激环境中，但他们反常的心理把他们与环境隔离开来。在刺激丰富的环境中，他们的心理却是饥饿的。如果他们极端地反社会、心理上闭锁、不能和周围的正常世界接触，他们遭遇的就是刺激不足，就像囚室里犯人的感觉一样。在极端孤立的情况下，无论是身体上的孤立抑或精神上的孤立，与完全颓废的无所事事相比而言，极端痛苦的解闷式性行为就是两害中的小害了。

圈养动物在枯燥的囚笼生活中表现出类似的性行为。与伙伴分离时，它们表现出生理性性行为。解除了觅食和敌害之后，它们有了余暇，就可能搞自偿式性行为了。但极端无聊时，它们还可能搞极端的解闷式性行为。一些雄猴会沉溺于手淫。雄性有蹄类动物与雌性同圈时，可能会无所事事，以至于不断与雌性交尾，骚扰雌性，追逐雌性，甚至导致其死亡，它们的行为完全超越了一切自然的极限。有报告说明，猿类也有类似的案例。一只圈养在空笼里的雄猩猩，得到一只雌猩猩以后，不断与她[1]交配，不断用力拥抱她，使她的前肢损伤到难以动弹的地步，最后管理员不得不把雌猩猩送走。

与同类隔绝长大的猴类和猿类后来与同类接触时，常常难以适应社会生活。它们就像“生活在自己个人世界里”的精神病人，蜷缩在一角；尽管就在咫尺之涯的雌性准备接受与其交配，它们还是继续玩弄自己那一套解闷式的自慰。在圈养的黑猩猩身上，这样的现象司空见惯，因为它们往往是被当作宠物养大的，成年以后雌雄相遇时就不知所措。有一对度过非正常童年的黑猩猩被送进一个笼子里，被当作捆绑夫妻；虽然笼子里只有它们一对，而它们又表现出大量的性行为，但这一切并不针对异性，而是针对自己。虽然生活在同一狭小空间，但它们精神上隔绝。它们离得远远的，各自以各种方式手淫。雌性用小树枝塞进阴道自慰，或者用牙齿从墙上扯下来的木屑自慰，同时雄性躲在另一个角落里耍弄自己的阴茎。

8. 性行为的镇静功能

神经系统不能忍受百无聊赖的无所事事，也不能忍受过度活动的紧张状态。镇静式性行为刚好是解闷式性行为的反面。其功能不是抗拒无聊，而是反制混乱。面对奇异、矛盾、陌生或突然的刺激时，个

---

① 本书在强调动物雄性和雌性的生物性区别时，一律按照原著翻译成“他”和“她”。全书如此，特此注明。——译者

体就到原来友好而熟悉的行为模式里去寻求逃避，那些模式能镇静他被震撼的神经。生活压力沉重时，受害人就到令人满意的行为里去寻求报偿。但由于太紧张、太活跃，他却被拉往不同的方向，且总是由于经常出现的干扰和混乱半途而废，他在各个方向上都遭遇障碍。挫折的情绪不断上升，直到任何熟悉的行为都成为受欢迎的解脱，尽管这些行为和他从事的主要活动没有关系，但只要没有障碍，这些行为都可以使他释放压力。

琐细的行为比如抽烟、嚼口香糖、喝酒有助于舒缓焦虑。镇静式性行为起相同的作用。出征的士兵、危机中的企业主管在女人的怀抱中寻求暂时的平静。此时，个人的情感介入大概只达到最低限度，一切举动都是刻板的老一套。在一定程度上，越是自动化，效果越是好，因为大脑已经负担过重，它追求的是简便。

这种行为类似于我们熟知的动物界的移置活动（displacement activity）。两只敌对的动物相遇争斗时，彼此都想进攻，但双方都害怕。于是，其攻击行为受阻，在受挫的情况下，它们就可能转身离开，去做一些简单的、与攻击行为无关的动作，比如清理皮毛、咀嚼食物、整理巢穴。这些移置活动当然不会解决原来的冲突，但可以使紧张状态得到缓和。如果身旁有雌性，雄性会骑到她的身上做交配的动作，但和人类在类似情况下的性事一样，它的一切动作都刻板到简单地走过场。

9. 性行为的商业功能

前文已提到卖淫，但只是从嫖客的角度做了分析，对妓女而言，性交的功能是另一回事。次要的因素当然在起作用，但首要的压倒性因素是赤裸裸的商业交易。商业性性行为在许多婚姻生活中还有一种重要的功能。在这些婚姻关系里，只存在单方面的配偶关系，一位配偶仅仅是性伙伴的泄欲工具，以换取金钱和住所。提供金钱和住所的一方形成了真实的配偶关系，以换取对方虚假的配偶关系。当然，为金钱而婚的女方（或男方）的功能是娼妓。唯一的区别是，她或他以间接的方式收钱；普通的娼妓做事则是按性交的次数收钱。但无论这种商业体制是长期组织或短期合约，性行为的功能本质上是相同的。

一种以性换取物质利益的委婉形式是脱衣舞娘、舞女、选美皇后、俱乐部女郎、模特，还有许多女演员。为了金钱，她们提供程式化的表演，内容是性交活动的初期阶段，但是（在正式的身份之下），她们止步于性交之前。为了补偿她们猝然止步的不完全性行为模式，她们的表演常常很夸张和细腻。她们的性姿势、性动作、性人格和性解剖往往都被放大了，以便弥补她们严格受限的性服务。

其他动物的商业性性行为很罕见，连动物园里都很稀罕，但有些灵长类的身上可以看到一种形式的"卖淫"。圈养的雌猴向雄猴展示性行为，以分散其注意力并趁机抓取地上的食物，目的是避免雄猴可能参与的竞争。

10. 性行为的地位展示功能

最后一种功能是性行为的地位展示功能，我们在这里进入了一个奇异的世界，充满意料之外的发展变化。性以许多隐蔽的方式渗透我们的生活，有些方式尚不为人知。由于其复杂性，所以我在第二章里对其存而不议，以便在此展开论述。我们首先考察它在其他物种身上的表现形式，然后再来看人类的情况，这有助于说明问题。

展示地位的性行为与生育无关，而是与支配权（dominance）有关。为了了解这一关系的形成机制，我们必须要考察两性在性行为过程中扮演的不同角色。诚然，性事的充分表达需要两性的积极参与，但我们仍然可以说，对哺乳类的雌性而言，她扮演的角色基本上是顺从的角色，而雄性的角色基本上是攻击性的。（男性猥亵女性的行为在司法行话中被称为“性侵犯”，其措辞并非偶然。）雄性比雌性强壮，这并非唯一原因。顺从和攻击的关系是交配行为性质上不可分割的一部分：骑到性伙伴身上的必然是雄性；插入并侵犯对方的必然是雄性。过分顺从的雌性和过分攻击的雄性只不过是放大了它们天然的角色，攻击性强的雌性和顺从的雄性却完全颠倒了它们的角色。

雌猴的性行为是向雄猴“献身”，她将臀部送上，抬高臀部，俯首以候。雄猴交配时骑到雌猴身上，插入阴茎，抽送骨盆。在交配的过程中，雌性顺从，雄性强势，这样的行为被“借用”到了非交配的情景中，这种情景需要更加一般的顺从和攻击的信号。如果雌性的“献身”表示顺从，那么，这一姿态就可以用于纯敌对的遭遇中。一只不准备交配的雌猴可以向雄猴送上臀部，这一信号表示，她没有任何攻击性。这是息事宁人的姿态，其功能是显示她的顺从地位。作为回应，雄猴可能骑到她的身上，送几次臀部，但那仅仅是做做样子，其行为纯粹是为了展示其支配地位。

如此一来，展示地位的性行为在猴类和猿类的社会生活中就成为一种宝贵的手段。作为臣服和支配的仪式，它可以避免流血。雄性以进攻姿态逼近雌性，一心一意要动武。如果雌性尖叫或试图逃跑，那只会火上浇油；相反，雌性主动“献身”，雄性予以回应，完事后即分手，于是，它们支配和臣服的关系再次得到确认。

这种性行为功能绝不仅限于此，其价值在于，它被推广到了一切形式的攻击性遭遇中。如果一只弱小的雄性受到威胁，他就可以用伪雌性的行为来保护自己。他用雌性的性姿态表示臣服，把臀部送给雄性。雄性则骑到他的身上以显示自己的支配地位，仿佛骑的是一只雌性。

雌性之间也可以看到完全相同的互动。低位的雌性受到高位雌性威胁时，弱小者就主动“献身”，让强势者骑。连未成年的猴子也会遵循这样的仪式，尽管其尚未到性成熟的年龄。这突出说明，展示地位的性行为已经从原有的性功能中剥离出来。虽然这样的行为仍然是性行为，但其动机已经不再是性驱力，支配与臣服关系在竞标中胜出了。

这种表示支配与臣服关系的性行为反复而频繁地被用于非攻击性的邂逅中，它似乎可以解释有些猴类种群里存在的看似纵欲狂欢的活动。动物园的游客常常有这样的印象：雄猴是欲壑难填的性“运动健将”，只要看见臀部闪过，他时刻准备交配，无论这是雄猴、雌猴、成年猴或未成年猴的臀部。在某种意义上，情况的确如此。游客的观察是准确的，但其解释是错误的。只有你了解这种性行为的非性交驱力性质，你的观察才可能是真实的。

举一个更接近我们家庭生活的例子有助于说明问题。友好温顺的家猫用身子在人腿上摩挲，其尾巴挺直上举，臀部上翘，几乎人人都熟悉这样一景。我们抚摸猫的背部时，无论雄猫雌猫都做出这样的反应。大多数人把这视为猫的问候语，并不去追问其源头或意义。实际上，这是地位展示性行为的又一个例子。其源头是雌猫向雄猫的性展示，其原初的功能是交配前展露外阴。与猴类和猿类在这类情况下的性展示一样，猫的性展示已经从纯交配的功能中分离出来。如今，在表示友好和顺从的情况下，雄猫和雌猫都进行这种展示了。由于宠物猫的主人高大强健，主人和猫的关系必然永远是支配和被支配的关系。如果主人外出了一段时间，猫咪就觉得有必要重新确认自己臣服的角色，所以它的问候仪式用上了顺从性性展示。

猫咪的顺从模式相当单纯。但如果回头看猴类的性展示，我们就可以发现，展示地位的性行为产生了明显的解剖学意义上的延伸。我们应该先考察这样的延伸，然后再来看人类的情况。雌猴的臀部有一块鲜红的肿胀突起。在她“奉献”臀部给雄猴时，这一块红色的突起特别扎眼。当然，在表示顺从时，母猴这一块红斑很引人注目。近来有人指出，有些物种的雄性的臀部也长出了模拟雌性的红斑，以增强其对强势雄性的顺从。

从顺从性性展示转到支配性性展示，我们也可以看到类似的发展。支配行为表现为阴茎勃起，辅助性的耀眼色彩又使之更加精细复杂。在有些物种身上，雄性的阴茎鲜红，阴囊周围有一圈鲜明的蓝色斑块。这使阴茎非常扎眼，雄性坐着时，两条腿常常大张，尽可能展示其生殖器。如此，它们不必移动也可以展示其高高在上的地位。有些猴类的雄性以这种展示的姿态坐在猴群的边缘，如果另一群猴子靠近，它们鲜红的阴茎就高高竖起，而且还可能像鞭子一样在它们的腹部敲击。在古埃及，富有神性的狒狒被视为男性性能力的象征。其展示地位的性姿态不仅在雕塑中得到表现，而且这种姿态的狒狒还被涂上油下葬。涂油的仪式长达 70 天，下葬的仪式长达 2 天。显然，支配地位的性展示一定是在欢呼雀跃中进行的，不仅是为狒狒，而且是为古埃及人。我们一会儿就会明白，这绝非偶然之举。

有些物种的雄性模拟雌性的顺从性性展示，臀部也长出红斑；同理，有些雌性也模拟雄性的支配性性展示。南美有些雌猴长出了细长的阴蒂，成为一种假性阴茎。有些物种的假性阴茎几可乱真，连动物学家都难以分辨。于是，在它们栖息的地区就出现了一些传说，当地人相信，这些动物种群是同性恋。（有些母鬣狗也长出了假性阴茎，奇异的是，南非的神话则是，鬣狗是雌雄同体的动物，每一只鬣狗都有两性的性能力。）

有些猴类的雌性既长出了假性阴囊，又长出了假性阴茎。迄今为止，我们还不知道这种假性阴茎在野生猴中有何用途。但我们已经知道，南美有些雄猴用勃起的阴茎威胁下属。小型的松鼠猴将其作为最重要的优势地位信号，其威慑力胜过双腿张开坐时展露阴茎的力度。当一只上位的雄猴逼近下位的猴子时，它突然用勃起的阴茎贴近其面部。雌猴的假性阴茎不会勃起，也许，只用它向下位猴展示一下就足以起到威慑的作用吧。

这就是我们最近的表亲猴类和猿类用来展示地位的性行为。上文做了相当详细的解释，意在提供一个有用的演化背景，借以检视人类展示地位的性行为。这有助于我们理解，人类在这个方向超常的演化有何道理。阅读上文有关猴子行为的详细介绍时，也许你和古埃及人一样，业已注意到猴子和人类行为的相似之处。和猴类的情况一样，在非性行为的语境下，女人的顺从性性模式和男人的支配性性模式成了表示顺从和支配的信号。

古老的雌性向雄性送上臀部的模式至今仍然是表示臣服的体姿。

儿童常常被迫撅起屁股挨打就是这样的体姿。而且，屁股一般被认为是人体最“滑稽”的部位，常用来开玩笑，被人嘲笑，常用来打针。色情文学中可怜无助的被虐待的受害者往往被光着屁股悬吊起来，通俗卡通影片和漫画里的人物就更不用说了。

不过，在男性支配地位模式中，人的想象力真的是狂放不羁。自文明滥觞之日起，文学艺术里就遍布各种阴茎的象征。到了近代，这些符号极其神秘，远离了其最初阴茎勃起的源头；但最原始的问候里仍然可以看到最直接最明显的阴茎展示。比如，在新几内亚的部落中，交战男子的阴茎戴着长长的套筒，套筒几乎有一英尺长，用绳子系在身上，几乎垂直向上。另有一些文化也装饰阴茎，用各种方式人为地加以放大。

显然，如果阴茎勃起被当作男性支配地位的威慑性展示，结果自然是勃起越高，威慑力就越大。传达威慑力大小的视觉信号有四种：阴茎勃起时，其角度加大，硬度增加，同时又加粗加长。如果这四种特征都可以人为放大，展示威慑的冲击力就可以放大到极限。在人体上做文章有极限（新几内亚的部落人放大阴茎，大致达到了这样的极限），但人的模拟像就没有这样的局限。在素描、油画和塑像里，阴茎可以任意放大。真人阴茎勃起的长度平均6.25英寸，不到成年男子身高的十分之一。在阴茎雕刻里，阴茎的长度常常超过身高。

进一步夸张阴茎时，素描、绘画和雕塑的人体就干脆省略，只剩下巨型、垂直、脱离人体的阴茎。这种古代雕塑，常常高耸在空中，世界各地均有发现。希拉波利斯的维纳斯神庙就有几座将近200英尺高的阴茎雕塑，其功能是护卫神庙；还有更甚者高约360英尺，大约是人体阴茎长度的700倍，而且据说是包金的。

从这些艺术表现来看，只差一步就进入阴茎象征主义的世界了。在这个世界里，任何颀长、坚挺、耸立的物体都可以肩负阴茎的角色。从心理分析师释梦的研究结果来看，我们知道这种符号是多么五花八门。但这些符号不限于梦境，广告商、艺术家和作家可以借用这样的符号。它们出现在电影、戏剧里，在娱乐业里几乎无处不在。即使在不为人清楚意识到的情况下，它们照样产生冲击，因为它们传递了基本的信号。这些符号有蜡烛、香蕉、领带、扫帚杆、鳗鱼、手杖、长蛇、胡萝卜、飞箭、水龙带、烟花、方尖塔、树木、鲸鱼、灯杆、摩天大厦、旗杆、大炮、烟囱、火箭、灯塔、塔楼——几乎无所不包。这些东西的象征意义在于其总体性质，其中一些还具有特殊的性质。鱼成为阴茎象征是由于其繁殖力和手感；大象成为象征是由于其鼻子可以竖立；犀牛的象征意义在于其独角；鸟儿的象征意义在于其克服地球引力振翅起飞的力量；魔杖的象征意义在于它赋予魔法师特别的魔力；剑、矛、枪的象征意义在于刺入人体的力量；香槟瓶子的象征意义在于它能够喷酒；钥匙的象征意义在于它插入锁头；雪茄的象征意义在于其肿胀的形体。这个阴茎象征目录几乎无穷无尽，我们幻想中象征意义的等式数不胜数。

上述一切意象被调动起来了，大多数情况下，它们都被当作男性阳刚气的象征。强健、霸气的男子（或渴望成为硬汉的男子）猛吸雪茄，突然把雪茄向同伴的脸上戳去；他的突袭动作本质上和松鼠猴叉开两腿用勃起的阴茎突袭弱势猴的动作是一样的。社会禁忌迫使我们用神秘的替代物表示攻击性的性展示，但人的想象力没有止境，这样的禁忌非但没有减少性象征现象，反而使之更加多样和精致。上一章解释了社会地位与超级地位，在超级部落条件下，我们充分利用各种展示地位的手段；在展示性行为的地位功能上，我们就调动了一切可能的手段。

只要放眼望去，我们就可以看到各种改良的阴茎象征。赛车的设计就是很好的例子。它们总是辐射出威猛、攻击性的阳刚气，阴茎属性再次发挥了重要的作用。赛车外形像狒狒的阴茎，头部突出、细长、流畅、光亮，以极大的威力冲击，而且车身常用红色。坐在敞篷赛车里的车手就像是高度程式化的阴茎雕塑。他的身体不见了，观众能看见的只是头部和双手，驾驭着一根颀长的流光溢彩的阴茎。（有人会说，赛车的性质纯粹是由流线型的技术要求决定的，但现代机动车交通拥挤的现状、日益严格的速度限制使这样的解释显得很荒谬。）连普通的汽车都有其阴茎特征。这可以解释，为何男子开车时如此亡命，如此迫不及待地你追我赶；尽管这样的狂跑相当危险，尽管大家都得在下一处红灯前停车，尽管最多不过节省几秒钟，他们还是想要飙车。

另一个例证来自流行音乐。吉他近年发生了“变性”。老式的吉他曲线美、腰身细，基本是女性美的象征，弹奏时紧贴胸部，以爱抚的指法拨弄。然而时代变了，吉他的阴柔性荡然无存。自从男性“性偶像”吉他乐队爱上电子吉他以后，吉他设计师绞尽脑汁改进其阳刚气的阴茎特征。琴身（象征睾丸）变小，腰身不再纤细，色彩更加明丽，琴颈（象征阴茎）拉长。琴手推波助澜，把吉他挂得越来越低，直到悬垂在生殖器跟前。歌手持琴的角度也有改变，琴颈往上翘起。这些调整结合起来产生的结果是，现代的吉他乐队演奏流行音乐时，用硕大的电子阴茎在台上演绎手淫的全过程，凌驾于台下忠实的“奴隶”头上。（乐队的主唱还必须摇晃那阴茎似的麦克风。）

在上述阴茎“改良”的同时，也出现了阴茎符号衰减或黯然失色的情况，这形成了强烈的对比。早期文明（如上所述，其阴茎象征更加大胆泼辣）被取代后，起初明显的意象常常披上了外衣，因而被扭曲了。最令人吃惊的是基督教的十字架。起初，它是赤裸裸的阴茎符号，垂直的竖线表示阴茎，两侧的短线表示睾丸。在古代前基督教时代，更加明显的十字顶端还有一颗人头，后来，这种十字架就被高度程式化的十字架取而代之。一位作家指出，基督教接受这一象征，赋予其新的角色，大概和十字架起初象征“生命力”有关系。

另一个失去原初意义的十字是著名的马耳他十字。马耳他的史前遗址遍布阳具的造型，但多半业已湮灭、被盗或被毁。其中一个十字由四件巨大的阳具组成，一位作家写道：“后来，它们化为高尚的圣约翰骑士的象征。”它成为骑士手中的兵器。

在复活节的庆祝活动中，阳具的形状也被化解。在古文化中，人们常在复活节烤制阳具状的面饼，亦有女阴状的面饼。今天，这些食品已面目全非，有些民族吃鱼形的甜肉（即“男饼”）和玩具娃娃（即“女饼”）。鱼的象征意义有阳具的特性，起初见于星期五吃鱼的仪式中，如今，其性含义早已荡然无存。

诸如此类的例子不胜枚举。比如，某些场合的篝火仍然含有魔幻的仪式特征，但已失去性的意义。起初，点燃篝火有特殊的仪式，一根“男棍”和一根“女棍”互相摩擦取火，象征性交，直到冒出火星，点燃木材，篝火就是性交产生的熊熊烈火。

过去，许多建筑的外墙上雕刻着阳具，以防“邪恶之眼”和其他幻想的危险。这些符号具有攻击性，对外部世界展示威慑性的性展示，保护建筑及其主人。直至今天，这种符号还见于地中海一些国家，不过，它们不再那么明显地展示性含义；其形态常常是一对牛角，高高嵌入外墙或房顶的一角。如此这般的删削和化解以后，原有的肉欲知识树已经变成普通的知识树，比较委婉的领带取代了明显的遮阴袋。不过，在有些领域，具有攻击性的阳具符号还保留了原先的性含义。在侮辱人的符号中，我们仍然看见大量的例证。

咒骂常常用阳具的形式。几乎一切恶意骂人的词语都是性词语。其原义与性交相关，或与性器官联系。不过，这些粗话只用在极具攻击性的时刻。这又是典型的地位性功能，它清楚显示，性被借用来表示高位人对低位人的压制。

侮辱人的视觉符号也有同样的趋势，几种阳具的动作被用作敌视的姿态。伸舌头起初就象征勃起的阴茎。各种形式的"阳具手势"是敌视的手势，至少有两千多年的历史。最古老的"阳具手势"之一是伸出中指或食指，指向对方，表示鄙视。一指伸直，拳头握紧；中指象征阴茎，收紧的拇指和食指象征一侧睾丸，无名指和小指象征另一侧的睾丸。这一手势在古罗马很流行，中指叫作"侮辱之指"或"肮脏之指"。以后的千百年里，这一手势经过了修整，但至今仍见于世界许多地方。有时，这种手势用的是食指而不是中指，大概是因为用食指比较容易吧。有时，食指和中指并用，突出象征性阳具之大。今天，这种手势仍然可见，翘起的指头向上，对着被侮辱的人挥舞几次，象征性交时骨盆的抽动。两根手指头既可以并拢，也可以张开成"V"字形。

最后这种手势近年的一种演变很有趣，这就是表示胜利（victory）的"V"字形。其实，这一手势不仅是模仿"V"字形，其阳具特征还强化了胜利的含义。两种手势的区别是，侮辱人的手势朝向被侮辱者的面孔，胜利的手势朝向钦佩胜利者的观众。也就是说，胜利者的侮辱性手势代表庆贺的观众，他站在观众一边，而不是站在其对立面。人们看见领袖的手势正是他们自己想要做的手势。简单地转动手的朝向，阳具的侮辱姿态就变成了保护的姿态。我们业已看到，争夺优势地位最重要的两个方面是威胁和保护。高位者朝向本群体里的低位者做这一手势时，那就是侮辱；如果他的手势指向敌人或想象中的敌人，自己人就会欢呼他象征保护的手势。只需将手转 180 度，领袖就可以改变他象征的意象，这就是现代性地位展示的精妙变化。

另一种古老的“阳具手”（phallic hand）同样有两千多年的历史，这就是所谓的“无花果”手势：握紧拳头，拇指夹在食指和中指中间，露出如阴茎的龟头，指向意欲侮辱的对象：地位低下者或敌人。这一手势在世界各地广泛流传，人称“做无花果手势”（making the fig）。英语里有一句话——I don't give him a fig——其意思是，他甚至不值得侮辱。

许多“阳具手”的例子见于古代的护身符或其他装饰中。佩戴这些饰物是为了防备“邪恶眼”。今天有人会认为，这些符号不妥当或淫秽，其实它们没有这样的作用。用来护身非常妥当，它们是展示地位的象征。在特定语境下，这些象征性阳具被认为是应该赞美甚至崇拜的符号，是具有魔力的守护神，随时准备摧毁来自群体外的威胁。

古罗马的利伯拉里亚①节，人们用壮丽的彩车在城市广场中行进，高举巨大的阳具，庄重而盛大，女性包括最令人尊敬的淑女都涌向前去把花环挂在阳具上，意在“清除国土上的妖魅”。在中世纪，

① 利伯拉里亚（Liberalia），古罗马的少年成丁礼，以生殖崇拜为主要仪式。——译者

许多教堂的外墙上装点着阳具，意在保护教众，抵挡邪恶影响，后来，这些装饰几乎全都被当作“堕落”的标志清除了。

连植物都被当作阳具。曼德拉草的根茎状如阴茎，被普遍用作护身符。经过改良的曼德拉草用来承担象征性角色，人们把小米或大麦粒嵌入其根茎，植入地下，任其二十天以后发芽，然后挖出来，修剪其根须，使之宛若阴毛。据说，这种形状的曼德拉草非常灵验，能压倒一切外来力量，使佩戴这种护身符的人招财进宝，收入翻番。

诸如此类的例子俯拾即是，足以写成论阳具象征的一本书；以上几例业已说明，这样的象征流传广泛，丰富多样。我们已经挑选几例说明男性地位的性展示功能，即阴茎勃起的展示功能。然而，其他重要的因素也不应忽视。已如上述，原来赤裸裸的性交模式是强势地、攻击性地插入女阴的行为，因此，在某些情况下，这种行为可以被用作地位象征手段。男子和女子的性交可能主要是为了壮阳，为了提升他的阳刚人格，而不是为了完成其他九种性行为的功能里的任何一种功能。此时，他可能会说“征服”，仿佛打了一仗，而不是做爱。这里所谓的征服就是其原有的字面意义，男性自吹性能力是其炫耀地位的重要部分。即使他不吐一字，这样的性行为也可以静悄悄地强化他的自我意识，但如果他向朋友吹嘘，他就可以大大拔高自己的地位。凡是听说这种吹嘘的女方自然有理由感到受辱。与此相反，配偶形成机制的性交是严格保密的。

实际上，把女性作为性展示功能的男子更加关心的是炫耀自己的女伴，似乎这样的炫耀胜于一切。他甚至可能会把顺从的女人展示给自己那帮人看，而不必与其同房。只要这些女人在众目睽睽下对他恭顺，他就会心满意足。

在有些文化中，统治者拥有庞大的后宫，主要是将其作为高高在上的性象征手段。这未必说明他结成了多重配偶的性纽带。成群的嫔妃中常常出现一位受宠者，此时就形成某种配偶关系，但展示霸权式的性功能成了主导的一景。这里有一个简单的等式：权势＝后宫的人数。有时，宫女太多，君王既无时间又无精力去临幸大多数宫女，但作为展示性能力的象征，他尝试尽可能多临幸宫女、多生王子。今天，妻妾成群的大男人不得不应付一长串女人，逐一与之行房，而不是同时召唤一群妻妾同房。他不得不依靠嘴巴吹嘘性能力，而不是让大群妻妾同时目睹他的性能力。

有一种相关的现象值得在此一提：异性恋地位追求者对同性恋男子的态度。他们对同性恋的敌视和鄙视有增无减，因为他们无意间意识到："如果他们不参加游戏，就不可能被我们打败。"换句话说，同性恋男子对女性缺乏兴趣，所以他在性地位的争夺中就不公平地占了优势，这是因为无论异性恋的男子征服了多少女人，同性恋男子都不会被打动，所以要击败同性恋男子就别无他途，只能靠讥笑的态度。当然，在同性恋世界里，性地位的争夺和异性恋世界里一样激烈，但这并不能增进两种人的理解，因为两种人争夺的对象是不一样的。

现代的性地位追求者即使不能达到征服的目标，也有若干替代手段来弥补。地位不太安稳的男子讲下流笑话来表达他的欲望。这些下流笑话暗示，他的性能力颇有杀伤力。但如果老是讲这样的笑话，周围的人就会生疑，就会发现这只是他的补偿机制而已。

自卑感更严重的男子可能会嫖妓。上文已经提到嫖妓的其他性功能，但抬高身价是最重要的。这种性地位展示的基本特征是贬低女子的地位。只要有一小笔钱，男性就可以要求妓女屈服。他知道，妓女并不欢迎男性的性要求，而是不得不屈从于嫖客的性要求，这可能增强嫖客征服她的感觉。对自卑的男人而言，另一种补偿机制是脱衣舞表演。为了一点小钱，舞女就在他眼前宽衣解带，直至精光，作践自己，让看她表演的男子从中抬高自己的地位。

有一幅极其辛辣的讥讽画表现脱衣舞，题词简要——“脱到底”。赤裸的舞女已经脱光，看客却继续叫喊：“再脱!”于是，她在肚子上割了一刀，面带诱人的魅笑，随着节拍掏出内脏。这一残酷的题词说明，随着脱衣舞，我们进入了极端的性地位展示，那就是性虐狂的领域。

有一个令人大倒胃口、一望而知的事实：男性越是需要抬举自我，就越是拼命寻求极端的举措；其行为越是下贱和暴虐，抬举自我的感觉就越是强烈。对大多数男性而言，这类极端举措没有必要。一般社会生活中能自我肯定的水平足以使之感到满足。但在超级部落生活的沉重压力下，权势者很少，受压制者众多，所以，虐待狂思想就容易滋生。对大多数男子而言，这样的念头停留于念头，虐待的幻想从未见光。有些人多走一步，贪婪地研究描绘虐待狂的书籍、图片和电影里的鞭打和折磨。少数人参观一些仿真虐待的展示，极少数人实施这样的性虐待。许多男人玩弄性爱游戏时带一点野蛮的味道，有些人做爱时搞假装性虐待的仪式；所幸的是，完全的性虐待狂是罕见的野兽。

最常见的性虐待形式是强奸。强奸之所以居其首，大概是因为强奸是男人特有的行为，是最富有攻击性的施虐。(男性可以折磨女性，女性也可以折磨男性；男性可以强奸女性，女性却不能强奸男性。)强奸犯占有并贬低女人的地位，由此而得到怪诞的满足，此外，他还从目睹受害者痛苦的扭动和表情得到满足，因为她痛苦时扭动的肢体和表情类似性高潮时扭动的肢体和表情。再者，如果强奸犯杀死受害者，受害者瘫软无力和恐怖的体姿类似于性高潮后瘫软和松弛的体态。

兴趣比较温和的男性有另一种可供选择的模式，称为“视觉强奸”，一般称为露阴癖。乐于此道者突然向一位或众多不认识的女人展露生殖器，他并不追求侵犯女人的身体，其目的是羞辱女人，使不愿意看的女人不知所措，这是最基本的性地位的威胁性展露。我们又回头看到松鼠猴用阴茎表示威胁的那种行为了。

最极端的性虐狂是成年男子凌辱、强奸和谋杀幼女。这种虐待狂是地位上最自卑的男子。为了抬高自我，他们不得不选择社会上最柔弱、最孤立无助的个体，把最恃强凌弱的暴力强加在幼女身上。所幸的是，很少有这样极端的暴力。这类案件看上去很普遍，其实不是，只不过是因为这样的案件广为人知；实际上，这类案子在暴力犯罪里的比例是微不足道的。尽管如此，哪怕只有极少数这种极端的暴力罪犯，其所在的超级部落社会必定存在着极端沉重的地位压力。

关于行为的性地位展示功能，最后有一点需要说明。有些权力欲极强的人在生理的性行为上却不正常，这一点饶有趣味。比如，希特勒的尸体解剖显示，他只有一只睾丸；拿破仑的尸体解剖显示，其生殖器“萎缩”。他们两人的性生活都不正常。你不禁会问，倘若他们的性生活正常，欧洲历史进程会发生多么大的变化，由于他们存在结构性的性弱势，他们追求超级地位的冲动就转向了更加直接的攻击形式。然而，无论他们的称霸之举多么极端，他们追求超级地位的冲动永远得不到满足，因为无论他们的权势多么登峰造极，他们都不可能得到强势男人完美的生殖器。于是，性行为的地位展示功能就转了一圈，回到原地。起先，称霸男性的性能力被借用来表达咄咄逼人的攻击性。随后，性功能就成为非常重要的条件，如果性器官有缺陷，更加猛烈的攻击性就成了必要的补偿机制。

或许，性行为的地位展示功能（其最温和的形式）有值得一辩的积极意义。在比较仪式化和象征性的变异中，这种功能至少可以提供相对无害的出口，以疏导那些具有潜在破坏力的攻击性。一只强势的猴子骑在弱势的猴子身上时，它凸显了自己的身份，而不必咬弱者的身体。酒吧里开黄色玩笑总比打斗的伤害小。下流的手势总比鼻青脸肿的伤害小。实际上，性行为的地位展示是不流血的方式，避免了直接压制和攻击的血腥暴力。在我们过分拥挤的超级部落里，地位阶梯直达云霄，维持并提高自己社会地位的压力极其严重，性行为的展示功能如脱缰的野马，其血腥堪与纯粹的攻击性相比。这就是超级部落人不得不付出的代价之一，这就是超级部落世界伟大成就的代价，也是令人兴奋的超级部落生活不得不付出的代价。

在纵览性行为十大基本功能的过程中，我们清楚看到，对现代都市人而言，性行为已然成为超级性行为（super-sex）。他的十大性功能与其他动物基本相同，然而，他把大多数的性功能推向极端，远远超过了其他动物。即使在最清教徒式的文化里，性也扮演着重要的角色，总是萦绕在人的脑际，总是需要压抑。大概可以说，谁也不会像狂热的清教徒那样因为性而感到困扰了。

对超级性行为的趋势产生诸多影响的因素互相纠缠。重要的因素是大脑的演化。一方面，大脑的演化使童年延长，反过来，它又促进了家庭的长期稳定。夫妻关系必须要打造和维护。于是，结偶功能的性行为和配偶维护功能的性行为就成了生育功能性行为的必要补充。但如果积极的性渠道不存在，聪明的大脑就会想出各种办法来舒缓生理性性紧张。强化的求新冲动、好奇心和创造性就会使探索性的性功能大大增强。由于大脑高效，它组织生活的方式使人获得越来越多的余暇，亦使人善于打发余暇。于是，自偿性的性行为、为性而性的性行为就变得五花八门，日益精细。如果余暇太多，日子难熬，解闷式的性行为就乘虚而入。相反，如果超级部落的压力和紧张难以承受，镇静式的性行为就能起到舒缓的作用。超级部落生活的日益复杂使劳动分工和交换日益细化，性活动也卷入其中，其形式就是商业性的性交易。最后，由于庞大超级部落结构里的支配和被支配问题、地位高低问题大大加剧，性就越来越借用于非性的语境，这就是渗透到一切领域的性行为的地位展示功能。

最复杂而棘手的性问题一直是生育功能的性行为（生育、结偶、固偶功能）和非生育功能的性行为之间的冲突。在避孕药丸问世之前，避孕是不允许的、罕见的或无效的，所以，生育功能的性行为就使探索性性行为、自偿性性行为冒着很大的风险。即使进入所谓的“后避孕丸天堂”以后，风险问题并未解决，因为人类性行为根本的结偶特征不会退场。有人认为，这个“天堂”预告了滥交时代的来临，但广泛流行、免于风险的滥交现在是神话，永远是神话。滥交是地位展示性行为异想天开的迷思，并将永远是痴心妄想的迷思。从演化的观点来讲，强大的结偶欲望来自大大加重的为人父母的责任；无论将来取得多么伟大的技术进步，无论避孕技术是多么完美，这种结偶欲望会始终存在。这并不是说，技术进步对性活动不会产生影响。

相反，技术进步将使我们的性行为发生深刻的变化。效果更好的避孕、性病的减少和膨胀的人口构成了三重压力，这会使非生育功能的性行为戏剧性地增加。这是毫无疑问的。同理，这会使非生育功能的性行为与配偶关系的要求加剧冲突。不幸的是，如果父母的性行为混乱，受害的就是子女。

倘若我们育儿的担子和我们的猴类表亲一样轻松，像它们那样在生物属性上更接近于滥交，问题可能会不那么严重。那么，我们就会像沐浴一样去拓展和强化性活动。倘若我们可以在浴池、按摩房、美容院、美发厅、土耳其浴室、游泳池、桑拿房或东方式浴池里流连，我们同样可以在任何时间、任何地点长期玩色情游戏而不会产生消极的后果——理论上看是这样的。但事实上，我们基本的动物天性永远会阻止我们朝这个方向发展，至少是会挫败这样的发展，除非我们发生了极端的遗传变异。

唯一的希望是，当超级性行为加剧且和我们的天性冲突时，我们将学会更加精明地去游戏。毕竟，我们可以玩美食而不至于长胖或生病；相比而言，性游戏的诀窍就难以获得了，社会上到处可见的是嫉妒的情绪、破碎的心、悲惨的破碎家庭和父母不想抚养的子女，这就是超级性行为弊端的佐证。

难怪，超级性行为成了都市超级猿的严重问题，难怪它常被滥用。一方面，它能给人提供最强烈的身心报偿；另一方面，当它出错时，它又能造成最严重的灾难。超级猿使超级性拓宽、细化并操纵超级性时，它放大了超级性报偿和惩戒的潜力。遗憾的是，利弊同在并不异常。人类行为的诸多领域都有这样利弊同在的发展。即使在医疗卫生领域，虽然其报偿十分明显，但惩戒也同时存在：它容易造成人口过剩，并进而造成新的紧张性疾病，还可能使人对疼痛过分敏感。新几内亚的部落人拔出大腿上的矛尖时沉着自信，超级部落人挑手指头上的小刺时，反而疼痛难忍。但这不是开倒车的理由。如果我们远胜部落人的敏感利弊同在，我们就必须兴其利而除其弊。重大的变化是，我们把万事掌握在手中，或者是控制在大脑中。我们在生存的钢丝上玩惊人的特技时，这些钢丝越绷越紧，越来越高。危险越来越大，同时又越来越激动人心。唯一的困难是，当部落人成为超级部落人时，我们的生物学保险网被拿掉了，确保不摔破头成了我们自己的责任。我们接受了演化的后果，谁也不能怪，只能怪自己。我们的动物性力量还深藏在身，但我们的动物性弱点也与之同在。如果我们更好地了解这些弱点，了解它们在不自然的人类动物园里遇到的挑战，我们成功的机会就会增加。

第四章

内群体与外群体

问题：黑人土著肢解一名白人传教士，白人暴众用私刑处死一名孤立无助的黑人，两者有何区别？回答：几乎没有区别，而且对受害者而言没有丝毫区别。无论有何理由、借口和动机，两者的基本行为机制是一样的。两种都是内群人对外群人的攻击。

进入这一课题时，我们一头扎进了难以维持客观态度的困境。理由一望而知：我们每个人都是某种内群体的成员，我们审视群体之间的冲突时，难免无意中站在了特定的立场上。然而无论如何，我写完这一章、你读完这一章之前，我们都必须跳出自己的群体，用火星人的眼光鸟瞰人类动物的战场，不带偏颇。这难以做到，所以我必须开宗明义清楚表明：我的任何一点意见都不能被理解为偏袒一群人反对另一群人，或者暗示一群人必然比另一群人优越。

从冷峻的演化观点看，就可以说，如果两群人冲突，一群灭绝了另一群，胜者在生物学意义上就比败者成功。但如果从人类这个物种的观点来看问题，这种观点不再说得通，那是狭隘的观点。远见卓识的观点是，如果两个群体既竞争又和平相处，人类的成就定会大得多。

我们必须有这种开阔的视野。如果这种观点显而易见，那么我们去解释人的行为就要做大量费力的工作。我们不像鱼类那样大量产子，鱼类产卵一次就数以千计，但大多数鱼卵注定死亡，只有极少数能够存活。我们的生育不讲数量，而是讲质量，我们生育少，对子女万般宠爱，精心呵护，比其他动物照顾后代的时间长得多。经过差不多二十年呕心沥血的照顾之后，把他们送去当炮灰，去被别人的子女手刃、枪击、烧死、炸死，岂不是太不合算——且不说太残忍。然而，在一百多年（1820—1945）的时间里，5 900多万的人在群体间的冲突中被杀戮。倘若凭人的智慧就一望而知，和平共生显然比杀戮好，那么，我们就必须要解释这难以解释的杀戮。我们把杀人说成是“野兽”的行为。倘若我们真能找到嗜杀的野兽，这样说就比较准确。然而事实正好相反，我们找不到这样的野兽。我们面对的是另一种难以解释的特性，这就是现代人与动物不同的特征。

从生物学来讲，人天生的任务是守护三种东西：自己、家庭和自己的部落。作为结偶配对、捍卫领地、群居生活的灵长类，人的驱力就是捍卫这三种东西，这是非常强大的驱力。倘若他个人、他的家庭或部落受到暴力威胁，他以暴制暴就是非常自然的反应。只要有机会挫败攻击，他的生物意义上的任务就是调动一切手段予以回击。许多动物的反击也和人类相同，但在自然条件下，实际的肢体暴力是有限的。一般对付暴力威胁的不过是反暴力的反威胁。真正好斗的物种由于自相残杀似乎已经灭绝。这是我们不应该忽略的教训。

这三种责任似乎是一望而知的事实，但人类几千年的历史似乎给我们留下了过分沉重的演化遗产。虽然人还是人，家庭还是家庭，但部落不再是部落而是超级部落了。如果我们要理解我们因民族、理想和种族冲突而进行的残忍杀戮，我们就必须在此考察这种超级部落环境的性质。我们在上文里已经看到它在部落内部积累的紧张关系——在地位争斗中发起的攻击；现在，我们必须要考察它在部落外造成并放大的紧张状态，即群体之间的紧张状态。

这是一个千辛万苦的故事。我们的祖先定居时迈出了重要的第一步。这就产生了一个必须明白捍卫的对象。我们最亲近的表亲猴类和猿类是典型的游徙群落。每一群落栖息在大致确定的范围内，但它们经常在这个范围内迁徙。两个群落遭遇时会互相威胁，但很少发生严重的冲突。它们各奔东西，照常生活。远古人群成为严格意义上的领地人时，防卫机制就得到加强。但那时土地辽阔，人烟稀少，有大量的生存空间。即使部落人口增加，武器仍然粗糙而原始。酋长在冲突中经常要亲自上阵。（倘若今天的领袖不得不上前线，他们决定打仗时必定会更加谨慎，更加富有“人情味”。也许可以说，这正是他们仍然准备发动“小规模”战争却害怕大规模核战争的缘故吧，核武器的射程出乎意料地使他们也身处前线。也许，我们需要的不是核裁军，而是应该要摧毁领袖们为了保护自己而建造的深藏在地下的堡垒。）

农夫一旦成为都市人，走向更加野蛮冲突的另一步就迈出了。劳动分工和专业化的后果是，一部分人可以专职从事杀戮——军队随之降生。随着都市超级部落的扩大，各个领域的发展也随之加速，一个领域的发展就可能超过其他领域。于是，比较平稳的部落平衡力量随之退场，严重不稳定的超级部落力量取而代之。有些文明繁荣了，遂进行扩张，它们面对的常常不是势均力敌的对手，不必三思而后行，也不必进行仪式化的讨价还价和交易；相反，它们面对的常常是弱小的、比较落后的群体，于是能轻轻松松地发动入侵和攻击。翻阅历史地图时，扑面而来的是荒芜和废墟的悲惨故事，一连串的建设成果被摧毁殆尽的结局反复出现，破坏的烈度一次胜过一次。诚然，战争有一些附带的有利因素，比如不同群体的接触和杂处使知识汇集，促进了新思想的传播。诚然，犁头化为刀剑，而研究新武器的动力最终又产生了新工具。然而，战争的代价依然太沉重了。

超级部落越来越大，统御分布广泛的众多人口的任务越发沉重，过分拥挤的人口有增无减，超级地位竞争中的受挫情绪日益加重，日积月累的攻击性日益加剧，伺机发泄。群际冲突为攻击性的发泄提供了大规模的机会。

于是，战争对现代首领的好处就胜过了对石器时代酋长的好处。首先，现代首领不会脸上沾染血污，而且他并不认识他派去送死的士兵：这些士兵是专业军人，不打仗的社会成员还可以照常生活。渴望打仗的捣蛋鬼受制于超级部落的压力，矛头对外，不会把矛头对准自己所在的超级部落。确定外在的敌人，即有了恶棍以后，领袖就变成了英雄，他可以团结人民，使人民忘记让领袖头疼的内部纷争了。

认为领袖是超人，且上述诸多因素不影响其决策，那是幼稚的想法。不过，影响其决策的主要因素是他要维护或提高自己地位的欲望，他渴望胜过其他领袖。如上所述，超级部落的发展不会同步，这无疑是最大的问题。由于其资源丰富或人才众多，一个超级部落可能会跑在其他超级部落的前面，麻烦问题必然随即发生。先进的群体会以这样那样的方式将自己的意志强加于人，后进的群体必然要想办法发泄自己的忌恨。先进群体往往倾向于扩张，它难以忍受听之任之、不干涉他人、只管自己的处事态度。它要影响其他群体，用强制或“援助”的方式来达到目的。除非它能够强制其他群体放弃原有的身份，将其吸纳进自己的群体（但常常在地理上做不到），否则局势就不会稳定。如果先进的超级部落帮助其他群体，使其实力增长并接受自己的发展模式，那么总有一天，原来的后进者就会强大到足以发动反叛，并且用那个超级部落的武器和方法把它驱逐出去。

在这一切此消彼长的过程中，其他强大而先进的超级部落的领袖们会焦虑地密切观察，以便确保那个超级部落的扩张不会势如破竹。如果其百战百胜，其他超级部落的群际地位就会随之下降。

这一切扩张和争夺在意识形态的外衣下进行，虽然这外衣一眼就能看穿，但扩张者还是乐此不疲。你难以想到，后来翻阅官方档案时竟然会发现，原来受到威胁的是领袖人物的骄傲和地位。表面上看，群体之争总是涉及理想、道德原则、社会哲学或宗教信仰的问题。然而，对茫然看着自己的断腿、手捧自己肠子打仗的士兵而言，其结果只能是——被毁的生命。士兵之所以伤残，不仅是因为他是潜在的富有攻击性的动物，还因为他是很有合作精神的动物。为了捍卫他超级部落那一套没完没了的说教，他愿意赴汤蹈火，因为打仗是帮助自己的朋友。在战争压力下，面对外群体直接而明显的威胁时，他的战友们力量倍增。他多多杀敌首先是不辜负战友，其他道理都位居其次。对部落忠诚的力量根深蒂固，奔赴疆场的最后一刻到来时，他别无选择。

在超级部落的压力下，由于全球范围的人口过剩，因为不同超级部落发展的不平衡，我们的孩子“在成长中不知战争为何物”的希望，看来是渺茫了。人这个动物太狂妄，但其灵长类的生物属性未变，其生物学特性未能强大到足以应付他创造的非生物环境。只有调动极其强大的理性克制，他才能拯救危险的局面。有时，我们在这里那里看见一点点获救的迹象，但这里冒出一点希望时，那里的迹象却已经萎谢。此外，我们这个物种的适应性很强，我们似乎能够消解震撼、弥补损失，却又不能吸取惨痛的教训。从长时段来看，在世界人口飙升的曲线图上，即使最大、最血腥的战争经历也不过是一个下滑的小点。出生率的“战后膨胀”总是必然发生，战争造成的人口缺口总是会被迅速填平。人犹如巨型扁形虫，肢体伤残后总能够迅速再生，很快又能够爬行了。

什么力量使一个人成为“他们”之一员，可以像害虫一样消灭，而不是“我们”之一员，必须像亲爱的兄弟一样去保卫？什么力量把他置于“外群体”又把我们置于“内群体”？我们如何识别“他们”？如果他们属于另一个超级部落，那当然容易识别。如果“他们”的一切和“我们”都截然不同，简简单单地把“他们”全都说成是恶棍，那岂不非常简单？使“他们”团结的凝聚力使之成为界定分明、组织有效的社会，这也使“他们”和“我们”迥然有别，由于不熟悉，“他们”就使“我们”害怕。就像莎士比亚笔下的恶龙一样，“他们”“常使人惧怕却难露真容”。

这样的群体最容易成为我们群体敌视的对象。假定我们攻击并打败他们，情况会怎么样呢？假定我们不敢打他们，情况又如何呢？假定我们由于某种原因暂时与其他超级部落和平共处，我们“内群体”里的攻击性又会面对什么情况呢？如果我们很幸运，在群体内部可能会相安无事，继续进行有效的、建设性的合作。即使没有外群体威胁的帮助，内部的凝聚力仍然足以使我们团结，但超级部落的压力和紧张继续对我们产生影响。如果内部争霸太残酷无情，如果低位者承受的压力太大，贫困使人难以承受，那么群体内部很快就会出现裂痕。如果亚群体存在严重的不平等，而这种现象在超级部落里又难以避免，它们正常而健康的竞争就会突然变成暴力。被压抑的亚群体的攻击性如果不能结合起来去攻击共同的外敌，它就会转变为骚乱、迫害和反叛。

这样的例子历史上比比皆是。罗马帝国征服世界（以它当时的理解）后，一连串的内战和动乱粉碎了它内部的和平。西班牙不再是征服其他民族的强权、不再派遣殖民大军进行远征时，同样的内部纷争随之发生。遗憾的是，对外战争和内部纷争存在反比例关系。这里的隐含意义是相当明显的：受挫的攻击性能量要寻找出口，这是外患和内乱的共同之处。唯独精心设计的超级部落结构才能够避免外患和内乱同时发生。

“他们”属于另一种完全不同的文化时，是容易识别的。但是，当“他们”属于我们自己的文化时，我们又如何识别呢？至于群体里的“他们”，由于其语言、风俗和外观并不奇怪或陌生，所以寻找粗糙的标签和归类就比较困难，但也能做到。亚群体可能并不奇怪或陌生，但它看起来的确有所不同，这就够了。

不同的阶级、职业、年龄组都有独特的谈吐、装束和行为方式。每一个亚群体有自己的口音或俚语，服饰风格也显著不同。亚群体间的敌视爆发或即将爆发（有效的线索露头）时，装束的区别就更加令人注目，更加张扬。在某些方面，其服装就像统一的制服。当然，全面内战爆发时，服装就成为统一的制服；即使在比较小的争端中，假性军事手段比如臂章、胸章甚至头饰和徽章都成为典型的标记。在富有攻击性的秘密会社里，这样的标记花样繁多。

诸如此类的手段能很快增强亚群体的身份意识，同时使其他亚群体容易识别它，容易把类似的个人归为“他们”一类，但这一切只是暂时的手段。问题解决以后，这些徽标就会被摘掉，戴徽标的人又可以很快融入无标记的人群。即使最暴烈的敌对行为也可能平息并被遗忘。然而，当一个亚群体的外貌特征非常明显时，情况就截然不同了。倘若有黑皮肤或黄皮肤的差异、鬈发或斜眼的差异，情况就大不一样，无论有这些身体特征的人多么天性平和，这些标记都是拿不掉的。如果他们是超级部落里的少数，他们自然就被视为活跃的“他们”。即使他们是不活跃的“他们”，情况也不会改变。他们把鬈发拉直，割双眼皮，但无论多少整容术都不能传递他们想要说的话：“我们不是故意要和你们分开，我们没有攻击性。”他们身上的体征太多太令人注目了。

从道理上讲，超级部落的其他人完全知道，这种亚群体的身体“标记”并非他们刻意所为，但人们的回应并不是理智的。这是根深蒂固的内群体反应，长期积蓄的攻击性要搜寻攻击的目标，那些有身体标记的人是现成的靶子，成了替罪羊。

恶性循环由此而生。如果身体有标记的人被当作敌对的亚群体，他们很快就被迫以敌对的态度行事，这并不是他们的过错。社会学家将其称为“自证的预言”（self-fulfilling prophecy）。让我用一个假设的例子来说明这种预言应验的过程，其经历阶段如下所示。

（1）看那个绿头发的人，他在打小孩；

（2）这个绿头发的人是恶棍；

（3）所有绿头发的人都是恶棍；

（4）绿头发的人逢人就打；

（5）那里有一个绿头发的人，趁他动手之前快打他（那个绿头发的人并没有挑衅，他不得不自卫）；

（6）你瞧，我说得对：绿头发的人都是恶棍；

（7）你要打所有绿头发的人。

用这种简单的方式来表达，这个暴力展开过程似乎很荒谬。当然很荒谬，但它表现的是非常真实的思维方式。即使弱智的人也能够看出这七个阶段的荒谬，群体的偏见就这样逐步升级，虽然明白其荒谬，但这种荒谬思想和行为一步步成为现实了。

绿头发的人无缘无故被打以后，他们自然而然很快就像坏蛋了。原来的谬论就不证自明，成为正确的预言了。这个简单的故事证明，外群体如何成为被仇恨的对象。这里有两种寓意：不要长绿头发；如果有绿头发，务必要认识不长绿头发的人，以便让他们知道，你不坏。重要的是，如果那个打孩子的人没有什么与他人不同的体征，他就会被当作与众相同的普通人，就不会使很多人受害。但如果伤害业已造成，阻止内群体敌视态度蔓延的唯一希望就是，在交流中认识绿头发的人，知道他们是一个个不同的人。如果不能求得这样的认识，群际敌视就会加重，那些坚决反对暴力的绿头发的人就觉得有必要结为一体，甚至住在一起，彼此守护了。一旦出现这样的局面，真正的暴力就不远了。两个群体的接触会越来越少，很快，它们就会宛若两个完全不同的部落。绿头发的人就会宣告，他们为绿头发而感到骄傲；实际上，头发的颜色被挑选出来作为特别的符号前，绿头发对他们并没有丝毫的意义。

绿头发之所以成为有力的符号，完全是因为它引人注目。这样的颜色和人格完全没有关系，只不过是偶然的标签。比如，“O”型血的人并没有组成外群体，虽然和肤色及发型特征一样，“O”型血也是由独特基因决定的。之所以不存在“O”型血的外群体，道理很简单，凭外表观察，你不能分辨谁是“O”型血。所以，如果一位“O”型血的人打小孩，你就不能把对他的敌意扩大到其他“O”型血的人身上。

这个道理似乎一望而知，这种敌意正是非理性的内群体/外群体仇恨的基础，一般把这样的仇视称为“种族偏执”（racial intolerance）。实际上，这种敌意和人格、智能或情感的种族差异（种族差异从未得到证实）没有关系，仅仅和毫无意义的肤浅的种族“标记”有关系。如果一个白人小孩和一个黄种小孩在一个黑人的超级部落里长大并得到同等的机会，他们会同样健康，其行为模式也会相同，反之亦然。若结果不是这样，那一定是因为他们没有得到相等的机会。为了理解这个道理，我们必须首先看看，不同的种族是如何形成的。

首先，“种族”这个词令人遗憾，已被滥用。我们说人种、白种人、不列颠种时，实际上是说人类、白皮肤的人类亚种和不列颠的超级部落。根据动物学的定义，物种是能够在内部交配生殖的种群，它不能也不会和其他种群交配生殖。一个物种分布于越来越广袤的地域后，往往会分成若干亚种，但仍然可以生育后代，而且可能会融合为一个总体上相同的类型，不过，这种再融合的情况一般不会发生。气候差异等因素影响各亚种在不同地区形成的肤色、形体和身高。比如，一个生活在寒带的群体可能会比较壮实、魁伟；另一个生活在森林里的群体可能会形成斑驳的皮毛，皮毛在斑驳的光线中形成保护色。体质差异有助于各亚种适应各自的地区。在地区交汇处，亚种没有分明的界线，可能会逐渐融合。如果随着时间的流逝，亚种的差异逐渐加大，它们最终可能再也不能混血，鲜明的物种界线就会形成。即使后来分布开来并互相交叠，它们也不能再混血，会形成名副其实的不同物种了。

人类分布到全球以后，和其他动物一样形成不同的亚种。三个亚种很成功，它们是高加索人种（白种）、尼格罗人种（黑种）和蒙古人种（黄种）。两个亚种不太成功，即澳大利亚土著和非洲的丛林人，他们存活至今，但仅仅是其昔日的影子。这两个亚种曾经分布在非常广袤的地区，如今除了非常狭小的地区外，几乎灭绝。近年有人统计五个亚人种的相对规模，以下是估计的大概数字：

高加索人种：1 757 000 000

蒙 古 人 种：1 171 000 000

尼格罗人种：216 000 000

澳洲土著人：13 000 000

非洲丛林人：126 000

世界人口 30 亿，其中白种人占 55%，黄种人占 37%，黑种人占 7%，其余两个亚种共占 0. 5%[①]。

这些数字必然是大致的估计，但勾勒出了大致的画面。之所以不精确，是因为正如上文所述，亚种的特征是可以和它栖居地里的邻居混血生育；另一个复杂的因素是，人的流动性不断增加。亚种人口的迁移和流动量很大，在许多地区，混血人很多，进一步混血的进程业已开始。尽管有所谓“内群体”和“外群体”的敌对行动和流血冲突，但不同的亚种还是在通婚，产生相当充分而有效的生育和混血。

倘若人类的亚种在地理上隔绝的时间更长，它们就可能分裂为不同的物种，各自适应特别的气候和环境条件，这就是生物演化的规

① 这些数字是 20 世纪 60 年代晚期估计的数字，到 20 世纪 90 年代，世界人口上升到了 50 亿，三个主要人种的百分比略有变化，分别是 55%、34%和 10%。——作者

律。然而，由于人类能够日益有效地控制自然环境，加上很大的流动性，这一演化趋势就不再适用了。衣物、壁炉和中央供暖解决了寒冷气候的问题，制冷设备和空调解决了炎热气候里生存的问题。实际上，黑人比白人容易散热降温的汗腺正在迅速失去其适应环境的意义。

总有一天，人类的亚种区别即所谓的“种族特征”会完全混合并消失殆尽。遐想遥远未来的子孙，我们可以断定，他们会以惊异的目光看着祖先异乎寻常的照片。遗憾的是，这需要漫长的时代，由于“种族特征”被非理性地滥用，它们就成了互相仇视的标签。若要加速这一宝贵而必然的混血过程，唯一的希望是，各国人民都按照法律规定禁止与本种族的人通婚。这当然是纯粹的幻想。唯一的办法就是用日益增加的理性态度去解决迄今为止容易感情用事的问题。然而，在许多场合，不可思议的极端非理性行为仍然占上风，对这种现象稍加研究就可以看到，极端非理性依然如故。一个例子就足以说明：美洲买卖黑人的后果余波荡漾。

从 16 世纪到 19 世纪，1 500 万非洲黑人被捉住并被贩运到美洲。奴隶制并不新鲜，但黑奴贩运的规模异常大，而且这是宣称信仰基督教的超级部落所干的勾当，所以这样的奴隶贩运就异乎寻常了。特殊的心态是必要的条件，它只能是特殊心态的后果，这是对人类亚种体质特征做出的反应。非洲黑人被当作另一种家畜，否则这样的勾当是不可能发生的。

起初并不是这样的。首批深入非洲的旅行家看到黑人帝国的宏伟壮丽和秩序井然，他们无不感到震惊。城市规模很大，学术昌明，行政机构复杂，人民相当富裕。即使今天，许多人仍然难以相信这曾是事实，因为遗存的证据所剩无几。赤裸、懒惰、嗜杀的野蛮人形象挥之不去，这样的宣传太成功了。贝宁人的青铜文化灿烂辉煌，有人却置之不理。有关黑人文明的早期报告被精心隐藏，于是被人遗忘了。

让我们来看看西非一座黑人的古城。350 年前一位荷兰旅行家做了这样一番描绘：

> 城区似乎很大；一进城就踏上一条开阔的街道……比阿姆斯特丹沃莫斯街宽七八倍……两边有许多街道伸向远方……两旁的房屋排列整齐、鳞次栉比，像荷兰的房屋……国王的宫廷气势恢宏。里面有许多四方的广场，四周绕以画廊，我穿越四个庭院，极目四望，重重的宫门通向其他的宫殿……

简陋的土坯房难得一见，这些西非古文明的居民不能被说成是手执长矛的残暴的野蛮人。早在 14 世纪中叶，在一位见过世面的旅行家笔下，这里旅行便利，食物可靠，旅店舒适。他不禁赞叹："在他们的国家，安全绝对有保障，游客和居民都无被盗抢之虞，不会遭遇暴力。"

早期的旅行家之后，欧洲人与非洲人的接触成为前者对后者的商业剥削。"野蛮人"被攻击、遭劫掠、被征服、受剥削，他们的文明随之土崩瓦解。这个被粉碎世界的遗存就符合欧洲人描绘的种族了：野蛮残暴，混乱无序。有关非洲黑人的记述越来越多，且直言不讳地说黑人文化低劣。实际上，这种落后状况正是白人的残暴和贪婪造成的。但为了减轻基督徒的良心愧疚，他们就接受了这样的观点：黑皮肤（和其他体质差异）是智力低下的外在表现。于是，进一步的推论也就容易了：黑人文化低劣是因为其智力低下，而不是其他原因。这样说来，对黑人的剥削就不存在堕落的问题，因为黑人这个“种族”本质上堕落了。紧接着的证据滚滚而来：黑人并不比动物聪明。至此，基督徒就可以心安理得了。

彼时，达尔文演化论尚未登场。基督教对黑人的态度有两种：人类同源说（monogenism）和人类多元说（polygenism）。同源说认为，各种族的起源同一，但黑人很早就经历了体质退化和道德堕落，所以奴隶制是适合他们的。19世纪中叶，一位美国牧师把这一立场表述得很清楚：

> 黑人显然是不同的人种，其特性业已永久固定，就像我们的家畜一样。黑人将保持不变，除非他的形体靠混血而发生变化，一想到他就令人恶心；他的智力远远低于高加索人；就我们所知，他不能管理自己，所以他受到我们的保护。奴隶制的道理见于《圣经》……《圣经》规定了主人和奴隶的责任……我们可以理直气壮地用圣言捍卫我们的各种制度。

他用这些话嘲弄早期的基督教改革家：他们胆大包天，竟敢违背《圣经》的教诲。

这段几百年前的话是白人剥削黑人的辩护词，它清楚说明，有关非洲黑人古文明的知识完全被压制了。倘若未被压制，“不能管理自己”的谎言就会被揭穿，这样全部立论、所有借口都会被砸得粉碎。

和人类同源说相反的是多元说。多元论者认为，每一个种族独自演化，各有其特性、优势和弱点。有些多元论者认为，世界上栖居的人种多达 15 种。他们为黑人辩护：

> 和同源论相对，多元论者给予低等种族比较体面的地位。出身地位低下的人在智力、活力或外貌上并非就是耻辱。相反，如果在体质或道德上、万物的阶梯上和造化的梯级上堕落，那才应该感到羞耻。

这段话也是 19 世纪中叶写下的。尽管两位作者的态度不尽相同，多元论者也自动接受了黑种人低劣的思想。无论哪一种观点都认为，黑人输定了。

即使在美国黑奴被官方给予自由以后，原来的态度以这样那样的形式依然如故。黑人背负沉重的外群体“标记”，否则他们是可以在新的超级部落里迅速同化的。但他们的外貌使他们不同于白人，所以原有的偏见依然存在。原来的谎言——黑人文化一直低下，因此黑人就低劣——仍然隐藏在白人的脑子里。他们的行为显示其偏见，种族关系继续恶化。在种族关系上，最聪明的、在其他问题上开明的人都难免受偏见的影响。这种态度继续引起黑人的愤恨，法定的社会自由给他们的忌恨撑腰。结果必然是：黑人的低劣完全是神话，是扭曲真相的历史编造。所以，奴隶的枷锁被打碎后，美国黑人就不会以低等人的样子行事了，他们开始造反。他们不仅要求官方纸面上给予的平等，而且要求实际的平等。

但他们的努力得到的却是蛮不讲理的猛烈回应。取代真实锁链的是无形的锁链。隔离、歧视和社会地位的下降重重叠叠地压在他们身上。早在 19 世纪的改革家就预料到这样的反应，他们一本正经地建议，由于苦难深重，美国黑人全都应该得到“体面的补偿”，然后被送回非洲老家。但遣返做法难以使他们回到原来的文明，因为那种文明早已被毁灭了，他们不可能再回去。伤害已成事实。他们留下来，试图获取应该得到的东西。由于反复的挫折，他们失去耐心，在过去的半个世纪里，他们的反叛不仅持续不断，而且更加猛烈。他们的人数增加到 2 000 万，成为一支必须正视的力量；黑人极端主义者被迫争取的政策不是求得简单的平等，而是黑人的强势地位。第二场美国内战似乎迫在眉睫了。

深思熟虑的美国白人努力克服偏见，但童年时代无情的思想灌输是难以忘记的。新的偏见悄悄潜入，这就是进行悄无声息的过度补偿。愧疚心产生过度的友好，过度的帮助产生的关系和它取代的关系同样虚情假意，因为这种态度继续将黑人视为“外群体”。一位美国黑人演员一针见血地指出这种态度的弊端。表演结束时，白人观众过分热情地为他鼓掌，他挖苦地说，倘若他是涂黑了脸的白人演员，他们一定会觉得自己的举动很滑稽①。

除非人类亚种不把彼此的体质差异当作智能差异的标记，除非他们不再把肤色当作敌对的“外群体”故意佩戴的标记，否则人与人之间毫无意义、浪费生命的流血冲突还是会继续下去。我不是在主张“四海之内皆兄弟”，那是天真的乌托邦梦想。人是部落动物，大型超级部落之间总是有竞争的。在组织严密的社会里，这种竞争的形式是

---

① 这段话写下后发生了一些变化，Negro 一词用得越来越少。到 20 世纪 60 年代，它取代了 coloured，70 年代它又被 black 取代。如今在美国，African American 更加“正确”，但有一丝居高临下的含义，因为 European Americans 还是继续自称 Americans。而且，African American 的称谓还忽略了一个事实，非洲有 1.2 亿高加索人。——作者

健康、有趣的，是富有攻击性的商业贸易和体育运动，这有助于防止社群的停滞和无谓的重复。人的自然攻击性不会过分，其形式是坚持己见，这样的攻击性是可以接受的。只有在压力过大的情况下，攻击性才会变成暴力。

无论是坚持己见的攻击性还是诉诸暴力的攻击性，普通（非种族）的内群体和外群体都会以自己的标准来作出反应。个人身处特定的群体并非偶然，但个人的处境截然不同。由于肤色不同，他发现自己无意间永久性地、必然地落入了特定群体的陷阱。他不能决定进入或离开某一群体。人们看待他的方式仿佛是他加入了某个俱乐部或某一支军队。如上所述，未来的唯一希望是全球范围的混血，原来不同地域特色的人种会产生越来越多混合的特色，直到一望即知的差异消失殆尽；这样的混血正在增加。在此期间，内群体向外群体发泄攻击性的需要是长期存在的，这将使问题混乱不清，并将继续把不受欢迎的角色分派给作为外群体的人种。我们非理性的情感不能做恰当的区分；唯有强制发挥理性而逻辑的智能，我们才能看清问题的实质。

我挑选美国黑人的困境作为例证，那是因为其问题与我的论题特别相关。遗憾的是，其困境没有任何异常之处。自从人类动物成为真正的游徙动物以来，这样的模式仿佛在全球各地出现，即使在没有人种差异煽风点火的地方，异常的非理性行为也非常普遍。关键的错误在于假定，另一群体的一个成员必然具有那个群体特殊的遗传特征；这种错误的假定随时都在发生。如果他穿的是有别于我们的制服，说的是另一种语言，信的是另一种宗教，我们就不合逻辑地认为，他在生物学意义上的人格必然和我们不同。据说，德国人孜孜不倦、井井有条，意大利人容易激动，美国人张扬外向，英国人刻板含蓄，中国人婉转莫测，西班牙人趾高气扬，瑞典人平和圆融，法国人暴躁好辩，等等。

即使作为后天的国民性的肤浅评估，上述概括也粗糙得失之过简；然而，有些人还把这种过分的概括大大向前推进：许多人认为，这些特性是先天的外群体特征。他们真的相信，“种族”就是不一样，它们已经发生普遍的变化；然而，这只不过是内群体倾向不合逻辑的主观臆想。两千多年前的孔夫子说得好：“性相近也，习相远也。”所谓“习”仅仅是文化传统，很容易改变，内群体的欲望冲动是希望有一种更加永久性的、基本的特性把“他们”和“我们”区别开来。人是聪明的物种，即使“我们”找不到这样的差异，“我们”也会毫不犹豫地“发明”这样的分别。“我们”对事实上的差异置之不理却泰然自若，其实，上述民族都是由不同的群体混血而成，经过了反复的混血和融合。然而在这里，逻辑得不到一席之地。

人类有许多共同的基本行为模式。任何人与任何其他人基本的相同之处都数不胜数。其中之一是构成鲜明内群体的趋势，使人觉得和外群体人不同，而且是骨子里的不同，这是一种似非而是的矛盾现象。这种感觉非常强烈，以至于我在本章陈述的观点似乎还不受欢迎。然而，生物学的证据无处不在，越是尽快接受这一观点，我们就越是能够以宽容的态度来处理群际关系。

如我所示，我们的另一个生物学特征是创新能力。我们不断尝试新的方式来表达自己，这是必然趋势。新的表达方式在不同的群体和不同的时期都不一样。不过，这些新方式是表面的属性，得来快，失去也快。即使在一代人的时间里，它们也有可能得而复失，相反，我们这个物种的演化却需要数十万年，我们的基本生物学特征的确立经历了一个漫长的过程。我们的狩猎猿祖先基本上是一样的。无论民族差异多大，我们的血统是相同的。我们携带着基本上相同的基因特征。在后天采纳的千差万别的服饰之下，我们都是裸猿。我们参与群体内的游戏，但在超级部落生活的压力下，这些游戏正在失控，我们可能会与他人冲突而致其流血；此时我们应该记住，在表面的差异之下，“他们”和“我们”是完全相同的。

说过这番话之后，我还是感到一丝不安。令人不安的原因显而易见。一方面我指出，结成内群体的欲望是不合逻辑的、非理性的；另一方面我又强调，群体间冲突的条件似乎已水到渠成，避免冲突的唯一希望是实施理性的控制。敦促我们对严重的非理性进行理性的控制时，你可以说我太乐观了，但呼吁我们借助理性的机制来解决问题时，也许我的要求并不过分。从目前的迹象来看，单凭理性的机制来解决问题似乎没有希望。只要看看那些最理智的抗议者用标语牌砸警察的头，而标语牌上却写着“制止暴力”，你就可以明白，在这类事情中，理性的自制是靠不住的。同理，只要听听最精明的政客以“确保和平”的幌子来支持战争，你就明白，理性的自制是不可信的。我们需要其他办法。在某种程度上，我们需要研究根本问题，也就是我所谓的即将酿成群体间暴力的因素。

我们已经对这些条件做了探讨，进行简要的归纳有助于我们看清问题。这些因素是：

(1) 固定领地的出现；

(2) 部落膨胀为人口过剩的超级部落；

(3) 远距离杀人武器的发明；

(4) 首领不必在前线冲锋陷阵；

(5) 以杀戮为业的阶级的产生；

(6) 群体间技术发展的不均等；

(7) 群体内部因争夺地位而受挫的压抑与日俱增；

(8) 领袖人物争夺群际地位的需要；

(9) 在超级部落里社会认同的失落；

(10) 帮助受攻击朋友的合作欲望。

我故意在这个清单里略去的一个因素是意识形态的分歧。动物学家从动物学的观点看人，但在当前的语境下，作为动物学家的我难以认真对待种种意识形态分歧。如果用实际行为去衡量群际纷争的情景，而不是用口头宣示的理论去评估这样的情景，意识形态的分歧就会淡出而微不足道，更加基本的因素就会进入视野。意识形态分歧是借口，之所以拼命寻找冠冕堂皇的借口，那是为毁灭数以千计生命的罪行辩解。

检查上述十大基本因素时，真难以看清，如何着手去改善当前的形势。总体上看，这些因素似乎是绝对的致命因素：人与人将永远兵戎相见，互相杀戮。

请记住，我在上文将人类当前的困境描绘为人类动物园。只要看一看动物园里囚禁的动物，也许我们能有所感悟。我在上文指出，自然环境中的野生动物习惯上不同类相残，但囚禁中的动物呢？猴笼里有互相杀戮吗？狮舍里有“私刑”吗？鸟笼里有激烈的战斗吗？即使有所保留，我们的回答还是肯定的。动物园过分拥挤时，动物争夺地位的斗争很严重。管理员都知道，当他们把新成员放进笼子里时，情况会进一步恶化。原有的动物群起攻击新来的动物，这样的危险是很严重的。新到的动物被当作入侵的外来者，面对攻击时，新到的动物实在无力反抗。即使蜷缩在不显眼的角落里，而不是在笼子的中心招摇，它们也会受到无情的追逐和攻击。

这样的攻击并不发生在一切场合，最无情的攻击往往是在生存空间最小、最不自然的地方。如果圈养的场地有足够的空间，它们起初可能会攻击新来的动物，将其逐出自己喜欢的地方，但不至于继续不断地进行过分的攻击。最后，新来的动物会得到允许留在某些角落里。然而，如果空间太小，这种稳定的关系就绝不可能出现，血腥的攻击必然会立即发生。

我们可以用实验手段予以证明。棘鱼是一种小鱼，繁殖期会坚守自己的领地。雄鱼在水藻里筑巢，捍卫周围的领地，不准其他雄鱼入侵。繁殖期的棘鱼独居，一条鱼就是一个“内群体”，与之争夺领地的每一条雄鱼都是一个“外群体”。在自然条件下比如江河小溪里，每条雄鱼都有足够的空间，对手之间的敌对行动只局限于威胁和反威胁，持久的战斗难得一见。如果让两条鱼在比较长的鱼缸里筑巢，一端一个巢，类似自然环境里有足够的空间，那么，这两条鱼会在中间相会，彼此威胁，但大致停止在中间线的位置，不会再出现更猛烈的暴力行为。然而，如果把它们已经筑巢的两株水草放进小盆，又把小盆紧靠着放在一起，人为地压缩其生存空间，那么，捍卫领地的两条鱼就会加剧威胁性展示；最后，仪式化的威胁和反威胁体系就会崩溃，严重的打斗随即爆发。它们会没完没了地撕咬对方的鱼鳍，把筑巢的任务忘得一干二净，它们的世界就成了暴力和野蛮的世界。然而，如果把它们筑巢的小盆分开，和平就得以恢复；战事平息之后，战场再次回复到无害的仪式化威胁的舞台。

教益是显而易见的：小型部落膨胀为超级部落时，我们实际上是在自己身上做棘鱼那样的实验，结果就很像棘鱼的打斗。如果向圈养动物学习，我们就应该特别注意动物园里出现的情况。用动物生态学家纯客观的眼光来看，数量过剩的物种的暴力是一种适应性的自我控制机制。对个体而言，这可以说是残酷的机制，但对物种而言，它却是仁慈的机制。每一种动物都有其种群数量的“天花板”。如果数量超过这个水平，某种致命的活动就形成干预机制，种群的数量就随即下降。这一教益给人启示，值得我们用新的眼光来检查人类的暴力。

这样说有一丝冷血的味道，但这是事实。自从我们成为人口过剩的物种后，我们一直在狂热地搜寻一种矫正手段，以便把人口减少到更加合适的生物学水平。这样的手段并不局限于战争、动乱、叛乱和起义而产生的自相残杀。我们的智慧没有止境。我们创造了一整套自我控制的因素。原始社会感觉到人口过剩的初期，曾采用过杀婴、人殉、肢残、猎头、食人等手段，还实行过各种各样的性禁忌。当然，这些手段并不是有意识计划的人口控制体系，但它们的确有助于控制人口。然而，它们却不能完全制止人口的稳步增长。

随着技术进步，个体生命受到越来越强有力的保护，初期的人口控制手段逐渐受到压制。与此同时，人类还猛攻疾病、干旱和饥荒引起的问题。随着人口的猛增，新的自制手段随即登场。旧的性禁忌消亡后，新奇的性学说浮出水面，它们能减少群体的生育率；神经官能症和精神失常增加，成为干扰刺激过剩的机制；某些性习俗逐渐普及；避孕、自慰、口交和肛交、同性恋、恋物癖、兽奸等都可以达到性满足而不增加怀孕的机会。奴隶制、囚禁、去势和自愿的禁欲也起到控制人口的作用。此外，广泛的流产术、凶杀、私刑、暗杀、自杀、决斗和高危运动等手段也终结了许多个体的生命。

上述各种措施有助于解决人口过剩的问题，一个机制是靠预防受孕出生，另一个机制是靠终结生命，加在一起时，它们看上去是一个可怕的清单。然而说到底，即使和大规模的战争与叛乱相加，它们的效果也令人沮丧。人类不仅安然度过一切威胁和浩劫，而且还以日益增长的速度生育过剩的人口。

多年来，人们坚决反对从生物学的视角去解释这些趋势，其实，我们过剩的人口从生物学来讲肯定是出错了。我们长期反对把这些趋势看成危险的信号，我们正在奔向一场严重的演化灾难。我们千方百计立法禁止那些控制人口的手段，同时保护个体的生育和生存权利。接着，在群体人数膨胀到难以管理的时候，我们又千方百计推进技术，以便使非自然的社会环境可以忍受。

每过一天，世界人口就增加 15 万，控制人口就日益困难。如果目前的态度不改变，局势将不可收拾。届时，无论我们如何努力，难以逆料的事端就会爆发来收拾残局，以降低人口的水平。也许，那将是欲壑难填、不计后果的难以控制的武器威力；也许，那将是日益严重的化学污染，或者是势如燎原烈火的瘟疫。我们有一个选择：要么撒手不管、听之任之，要么努力影响局势。如果撒手不管，非常真实的危险就在眼前，控制人口的重大因素就会冲破我们的防御，像决堤的洪水淹没我们的文明。如果采取措施，我们还可能避免灾难。但我们如何挑选控制人口的方法呢？

强制推行防止生育、防止生命的措施难以接受，与我们根本的合作天性不协调，唯一的选择是鼓励自愿的节制。当然，我们可以提倡并美化高危的运动和消遣。我们可以推广自杀（“为何等待疾病临头？现在就死，无痛苦地死!”），或者培养一种精美的新独身主义崇拜（“享受纯洁”）。世界各地的广告公司可以被调动起来，以排山倒海之势宣传、讴歌速效死亡的美好。

即使采取这种异常（生物学意义上的浪费）的措施，是否能够达到较好的人口控制水平，那也是值得怀疑的。今天更加受欢迎的措施是避孕，辅之以意外怀孕时合法的堕胎。正如上一章所言，主张避孕的观点是，预防生命于未然比治疗有病的生命好。如果需要一死，最好是卵子和精子死，而不是让有思想情感的、既爱人又被人爱的活生生的人去死，因为他们已经成为社会不可分割的、互相依存的部分。如果有人说，浪费受精卵和精子就令人作呕，那么，我们可以指出，从这些产物来看，造化本来就很浪费，女人一生能生产400个卵子，成年男人每天能生产数以百万计的精子。

但避孕也有不足之处。高危运动有可能导致社会上更富冒险精神的人死亡，自杀使神经紧绷和富于幻想的人死亡，同理，避孕有可能不利于聪明人的诞生。在当前发展阶段，避孕需要一定水平的理智、思想和自制。低于这个水平的人不避孕，因而都可能怀孕，而他们的低智能是遗传因子造成的，这些因子是可能传给后代的。慢慢地但必然地，这些基因就会在人口中蔓延和增加。

为了使现代避孕措施有效且无副作用，有必要采取紧迫措施促使技术进步，寻找技术要求比较低的避孕方法；最好是只需要最低限度操心和注意的避孕方法。另一个措施是批评反对避孕的社会态度。现在，我们必须把每天产生的受精卵减少15万个，才能够把人口控制在业已过剩的水平上。

这个目标本身难以达到；此外，我们还要采取措施确保控制受孕率的工作在全世界恰当地普及，而不是集中在一两个思想比较开明的地区。如果避孕的进展在地理上分布不均，地区之间的紧张关系必然导致不稳定的局势。

想到这些问题时真难以使人乐观。即使这些问题已经神奇地解决了，即使世界人口大致稳定在30亿，也就是说，即使全球人口分布平均，和原始人比较起来，我们的人口密度已经超过了500倍。即使人口停止增长，人口比较稀疏地平均分布到全球各地，我们也不能欺骗自己说，我们实现了近似祖先的社会环境。我们还要坚持不懈地努力自律，以防止社会爆炸和冲突。我们至少还有一个机会，但如果我们放手让人口继续上升，我们很快就要失去那个机会了。

仿佛这一个问题还不足以令人揪心似的，我们还必须记住，人口相当于我们原始水平的500倍的现状，仅仅是导致今日世界好战危局的十大因素之一。这是一个可怕的前景，我们完全摧毁文明的危险正在与日俱增，且成了真实的可能。

长此以往，大难临头的情景真难以想象。我们正在大踏步前进，开发日益高效的化学战和生物战技术，不久，连核武器也会显得过时了。一旦出现这样的局面，可怕的核武器也可能被称为常规武器了，超级部落有可能悍然用核武器互相攻击。（越来越多的群体加入核俱乐部以后，“热线”可能会纠缠在一起成为“热网”了。）放射性尘埃随地球转动，凡是降雨的地方，一切生命形式都会死亡。唯有非洲丛林人和生活在极端干旱的沙漠地区的人们才能够幸存下来。具有讽刺意味的是，丛林人是迄今最戏剧性地不成功的人群，他们仍然过着原始人典型的游猎生活。倘如此，那就是人类演化的从头再来。举一个极端的例子，有人曾经预言说，最温顺的动物将是这颗地球的继承者。

第五章

印记与错误烙印

我们在人类动物园里生活，有许多东西需要学习和记忆，但就生物学习机器而言，我们的大脑是无与伦比的机器。脑细胞共有140亿，彼此联系，运行机制非常复杂，这样的大脑使我们能够吸收并储存海量的印象。

在日常工作中，这套机构运转顺利，但外界发生异常的事情时，我们就转向一种特殊的紧急系统。此时，在超级部落环境中，事情可能会出错。原因有两个。一方面，人类动物园是我们的盾牌，挡开了某些经验。我们不会经常猎杀动物，而是买屠宰后的肉食。我们不会看到尸体，因为它们用毯子覆盖或已经用棺木入殓了。这就是说，当暴力冲破保护我们的屏障时，它对大脑的冲击力就非同寻常。另一方面，冲破超级部落屏障的暴力常常异乎寻常的猛烈，给人留下痛苦的记忆，而我们的大脑并不能总是对付这样的痛苦。这种紧急情况下的学习值得我们多看看。

凡是经历过严重车祸的人都理解我的意思。每个细小的可怕细节一瞬间都留在了我们的记忆里，终生难忘。比如，我7岁时差点淹死，直至今天，这可怕的事件还令我记忆犹新，就像昨天发生的。这次童年事故使我怕水，30年后，我才能够强制自己克服对游泳的非理性恐惧。和其他儿童一样，我在成长的过程中有许多不愉快的经历，但大多数并没有留下任何伤痕。

看来，人生经历有两种不同的经验：一种经历虽然短促，却给人留下了不可磨灭的、难以忘怀的冲击；另一种经历只留下不太强烈的、容易忘怀的印象。如果用不太严谨的术语，我们就可以把第一种经历称为“创伤性学习”，把第二种经历称为“一般性学习”。创伤性学习的后果与经历本身不相称。在一般性学习中，原有的经历必须要不断重复才能够维持其影响，如果缺少强化，大脑的反应就会逐渐淡化，而创伤性学习的情况则相反。

淡化创伤性学习的尝试遭遇极大的困难，甚至使问题更加严重，一般性学习却不是这样的。我几乎溺水的经历可以为证。别人越是向我展示游泳的乐趣，我的厌恶就越是强烈。如果那次溺水的创伤不那么严重，我的反应会越来越积极，而不是越来越消极。

创伤并非本章的主要课题，但借其开题却很有用。创伤显示，人能从事一种特殊的学习，这种学习极其快速、难以修正、极其持久，无须练习就记忆犹新。如果我们能把这种学习机制用于读书，过目不忘，牢记一切，那样的希望真是诱人。但如果一切学习都这样进行，我们评价事物的能力就可能丧失殆尽。如果我们学习的一切都同等重要，我们就会严重丧失选择的能力。所幸的是，快速、难以磨灭的学习用于生命中比较重要的时刻。创伤性经验仅仅是钱币的一面，在这里，我想反过来看钱币的另一面，即所谓“印记”（imprinting）。

创伤是痛苦的负面经验，而印记是正面的机制。动物体验了印记后，它就依恋体验到的事物。和创伤性经验一样，印记过程很快结束，几乎不能逆转，也不需要强化。人之间的印记机制出现在母子之间。儿童成年后恋爱时，印记性学习可能再次发生。他依恋母亲、孩子或配偶，这是我们一生经历的三种最重要的学习，我们挑选这三种学习来说明印记学习机制。实际上，“爱”是我们描绘印记学习机制产生的感情。不过，深入研究人类的印记学习机制之前，先看看其他动物的印记机制是能给人启示的。

许多幼禽一孵化出壳就必须和母亲建立联系，并学会认识她。它们尾随母亲，以求安全。如果刚出壳的小鸡小鸭不尾随母亲，它们就会迷路且夭亡。如果没有印记机制，母亲就难以召集并保护它们，因为它们很好动。印记能在几分钟内完成。小鸡小鸭出壳时，第一个移动的大物体自动成为其“妈妈”。当然，在正常情况下，这个物体就是其母亲，但在实验条件下，这个物体几乎可以是任何东西。如果刚出壳的小鸡看见的是移动的橙色气球，它们就会尾随这个气球，气球很快就成了“妈妈”。

如果不做这样的实验，你就可以说，幼鸟依恋“生母”是由于从母亲那里得到报偿。靠近母亲意味着得到温暖、食物和饮水等生存之必需，但不给予报偿的橙色气球却成了强有力的母亲形象。由此可见，印记并不是对报偿的回应，并不是一般的学习，而是简单的接触。我们称之为“接触性学习”。而且，和大多数的常态学习不同，“接触性学习”有一个临界期。小鸡小鸭出壳后对印记敏感的时期非常短促。过后不久，它们就害怕大型的移动物体，如果印记性学习没有在短期内完成，它们就越来越难以铭记任何东西了。

在成长过程中，幼鸟越来越独立，不再尾随母亲，但早期印记的影响并不会失去。印记使其知道谁是母亲，而且知道自己属于什么物种。成年后，印记有助于它们在同类而不是异类中去寻找性伙伴。

在此，我们还得用实验来证明印记机制。如果一种动物的幼崽由另一个物种的养父母养大，它们成年以后就可能试图与那个物种的成员交配，而不是与自己的同种交配。这种情况并不总是发生，但不乏其例。（我们至今不清楚为何有时发生，有时不发生。）

在圈养动物中，这种固恋错误物种的情况可能会导致怪异的行为。在大体型鸽子中长大的小体型鸽子对同类没有兴趣，却试图和大体型的鸽子交配，反之亦然。如果动物园里的雄孔雀独自与大乌龟一起长大，它就会向大型爬虫类展翅，而不会向新到的雌孔雀开屏。

我把这种现象称为“错误烙印”。在人与动物的关系中，这种现象非常普遍。一出生就与同类隔绝，由人饲养，它们成年后就可能不咬饲养人的手，而是试图与他的手交配。鸽子常常会作出这样的性反应。这一发现并不新鲜，古人就知道这样的现象，罗马贵妇就饲养小鸟取乐。（勒达[①]似乎更有野心。）宠物里的哺乳类有时抱着人腿做交配动作，有些养宠物狗的主人熟悉这样的动作，十分尴尬。在动物的发情期，动物园的饲养员就必须小心提防，他们要抵挡魁梧的鸸鹋和发情期的鹿的亲近行为，这些动物是在隔绝的情况下由人喂养长大的。我在莫斯科就有这样的遭遇，一只雌熊猫把我当作性对象，使我很尴尬。我的计划是带她去交配，其对象是中国国土之外唯一的那只雄性熊猫，但她毫不理会那只熊猫的殷勤。当我把手伸进铁栏去抚摸她的背时，她作出性反应，翘起尾巴，撅起屁股向我做出性邀请的姿态；此间，她的雄性对象就在几步远的地方。两只熊猫的区别是，雌性与同类隔绝的时间比雄性长得多。那只雄性大熊猫是“熊猫的熊猫”，而那只雌性大熊猫却是“人的熊猫”。

有时，“人性化”的动物展示性行为时，似乎能分辨男人和女人，这可能令人不解。比如，有“错误烙印”的公火鸡做出与男人交配的动作，却攻击女人。原因令人困惑。或许是因为女人的裙子和手袋，

---

① 勒达（Leda），希腊神话中的斯巴达王后，与化为天鹅的宙斯亲近而生的子女中包括引起特洛伊战争的海伦。——译者

颇像公火鸡性展示时的翅膀和肉冠吧。由于错误的印记，那只公火鸡把裙子当作翅膀，把手袋当作肉冠了。因此，它把女人当作性竞争对手而发起攻击，反而向男人进行性挑逗。

许多动物在人的精心呵护下长大，人们手把手地把它们养大，极尽爱抚之能事，使其行为被误导，然后又把它们送回自己的同类中。但对孤独中长大的温驯动物而言，同类已然是异类，可怕、怪异，是“其他”物种。有一只成年雄性黑猩猩与一只雌性黑猩猩在同一笼子里生活了10年，体检证明，他性能力健全，而她在放进这个笼子之前曾生育过。但由于他在人的养育中孤独地长大，所以对她的存在置若罔闻。他从来不坐在她身旁，不梳理她的毛发，不骑到她身上。对他而言，她属于另一个物种。10年和她的相处并未使他改变。

这样的动物对自己的同类可能极具攻击性，这并不是因为它们是竞争对手，而是因为它们把对方当作异类的敌人。通常情况下相安无事的仪式在这里崩溃了。一只雌性的猫鼬在人工养育下长大，性格温驯，饲养员把一只野生的雄猫鼬放进她的笼子里，希望它们能传宗接代。最后，它们只好在不和谐的状态下勉强度日，但雄猫鼬肯定活得相当紧张，不久就死于溃疡病。雄猫鼬死后，雌猫鼬立即回复到对饲养员的友善状态。

一只人工养育的雌虎被放进野生雄虎旁边的笼子里，这是她生平第一次看见一只同类。她能看见他，闻到他的气味，但它们不能接触。这下好了，因为她太“人性化”，一见到雄虎，就逃到笼子的另一边，一动不动了。对雌虎而言，躲避雄虎不是正常的反应；这应该是她的饲养员的正常反应。更反常的是，她不吃东西，一连几天不吃，直到雄虎被送走。过了几个星期，她才回到以前对人友好、活泼可爱的状态，她才在铁栏上摩挲，等待饲养员抚摸她。

在某种饲养条件下，有些动物形成了双重性行为取向。如果饲养时有同类在场，长大以后的动物既可能试图与同类交配，又可能对人产生性兴趣。错误印记是部分原因，正常印记也是部分原因。在快速形成印记的小鸡小鸭身上，这种双重性行为取向一般不会发生；相反，由于哺乳类的社会化相当缓慢，所以它们身上会出现双重印记。美国研究人员对家犬的研究结果显示双重印记的可能性。家犬的社会化在出生后 20 天到 60 天之内完成。如果幼犬出生后与人完全隔离（用遥控器喂食），经过这段社会化的时间以后，它们就会变成野狗。但如果它们在这段时间里既看见人又看见狗，它们对人和狗都会友善。

完全隔绝状态下喂养的猴子，如果既看不见同类，又看不见其他动物，甚至看不见人，它们在后来的生活中就完全不能适应任何形式的社会接触。如果被放进性行为活跃的同类中，它们会不知所措。大多数时候，它们害怕任何形式的社会接触，紧张地坐在一个角落里。它们的身上没有留下任何印记，虽然属于高度社会化的物种，但它们成了完全非社会性的动物。即使在没有母亲抚育的情况下，只要它们和其他小猴一起长大，它们也不会完全失去社会性，既会表现出父母留下的印记，也会表现出同伴留下的印记。

打上错误烙印的动物世界是奇怪而可怕的地方。错误烙印产生心理上混杂的动物，它们既表现出自己物种的行为模式，又表现出指向人类的行为模式。经过极其艰苦的过程，它们才能够调整行为模式，有时根本就不可能重新适应。在有些物种身上，同类的性信号已经足够，它们能作出本能的反应；即使在不正常的喂养中长大，它们也能再适应，但对许多物种而言，幼年不正常的印记强大得压倒一切了。

喜欢“驯养”幼兽的人记住其再适应的困难，这会有好处。长期以来，动物园的负责人繁殖动物时遭遇极大的困难，感到十分困惑。有时，困难在于缺乏足够的笼舍或足够的食物，但很常见的原因则是，动物进入动物园之前已经打上了错误的烙印。

让我们把目光转向人这种动物。在人的身上，印记的重要意义清晰可见。婴儿在出生后的几个月里经过了极其敏感的社会化阶段，形成了对成人深刻而持久的依恋，尤其依恋母亲。和动物的印记机制一样，这样的依恋不完全依靠母亲的物质报偿，比如喂食和洗浴。印记形成中典型的接触性学习发生了。婴儿不能像小鸭那样尾随妈妈，但用微笑的模式能达到同样的效果。微笑吸引妈妈，鼓励她靠近婴儿，与婴儿一起游戏。这种游戏的、微笑的接触强化了母婴纽带。每一次的接触都彼此留下印记，有力的依恋关系随之形成，这种持久的关系对孩子后来的生活极其重要。即使喂养得好，洗澡洗得很干净，如果失去了婴儿期“爱抚”的印记，婴儿也会焦虑，而且这样的焦虑症将终生如影随形。生活在孤儿院的孤儿和婴儿缺少关爱，与他人的纽带必然是有限的，他们常常成为患焦虑症的成人。如果一岁前形成强有力的纽带，成年后自然就表现出缔结强有力纽带的能力。

早期良好的印记为儿童储蓄了大量的感情。如果将来需要大量的情感投入，他就可以到库存的银行里去提取。如果他成长过程中父母的关爱出了问题（比如父母分居、离婚或死亡），他的适应力就只能依靠婴儿期第一年形成的依恋。当然，后来遭遇的困难会造成损失，但和出生后头几个月遭遇的困难相比，那就算不上问题了。一位 5 岁儿童在第二次世界大战中从伦敦疏散；和父母失散时，有人问他是谁，他的回答是："我没人要，什么也不是。"他感到的震撼显然已经造成损害。至于这样的震撼是否会引起永久的伤害，那就要看它与早年的经验是相同还是矛盾。与早期经验矛盾的震撼引起的困惑是可以矫正的，但验证早期经验的震撼往往会加重已有的焦虑。

接下来我们介绍第二个重要的依恋阶段，这就是恋爱结偶的性现象。"一见钟情"可能不是每个人的经验，但这绝不是神话。恋爱行为具有一切印记机制的属性。恋爱有一个敏感期（青年期），一见钟情很容易发生，这是一个相当快的过程，和恋爱形成的时间相比，其效果相当持久，即使在没有明显回报的情况下，爱情也可能是很持久的。

相反的观点可以说，对我们许多人而言，早期的结偶关系是不稳定的、短暂的。我的回答是，在青春期和青春期刚过的年龄段，形成认真恋爱关系的能力需要一个成熟的时期。这个缓慢的成熟期是一个过渡期，即所谓的试水期，纵身跳进水之前一定要先试试水。如果没有这个试水期，我们大家都会固定在一见钟情的关系。在现代社会里，这个自然的过渡期被人为地拉长了，原因是亲子关系不恰当地延长了。从生物学来讲，父母应该放飞子女，但他们仍然紧紧抓住子女不放。理由很简单：人类动物园的需求太复杂，十四五岁的子女无法独立生活。能力缺乏传达的信息是幼稚性，幼稚性又鼓励父母继续用亲子关系去回应，而事实上子女已经性成熟。反过来，这就延长了子女的幼稚行为模式。结果，亲子关系相当紧张，常常发生冲突，亲子关系和形成中的新的性伙伴关系就产生冲突了。

子女不能在外面的超级部落世界中护卫自己，这不是父母的过错；子女难免把婴幼期无助的信号传递给父母，这也不是子女的过错。错就错在不自然的都市环境，它要求比年轻人生物学意义上的生长期更长的见习期。

较长的见习期干扰新的结偶关系，但性印记机制很快就强有力地浮出水面。年轻人的恋爱可能会朝三暮四，但它又很强烈，乃至形成长期“早恋”（Childhood sweethearts）的固化情结；虽然在社会经济压力下，这样的关系不实际，但这样的关系时有发生。在压力之下，早恋可能崩溃，也可能留下烙印。到了完全独立的成人阶段，在寻找性伙伴时，他们常常无意识地搜寻初恋情人的某些特征。虽然最终失败，这种情结仍然可能是一种隐形的因素，对成功的婚姻造成损害。

这种“关系紊乱”（bond confusion）现象不限于“早恋”的固化情结。它还可能出现在任何阶段，尤其可能困扰再婚夫妻，他们难免静悄悄地（有时不那么静悄悄地）把现在的配偶和以前的配偶进行比较。当亲子关系和性伙伴关系混淆时，“关系紊乱”现象尤其可能造成严重的损害。为了理解这种现象，有必要再次审视亲子关系对婴儿的影响。亲子关系给婴儿传达三种信息：其一，这是我特别亲切的父母；其二，这是我所属的同类；其三，这是我将来要寻找配偶的同类。

第一、二种教诲是直截了当的，第三种教诲则可能出错。如果儿童与异性父母的关系特别持久而执着，父母的一些个人特征就会进入后来子女寻找配偶的行为中，影响其择偶的行为。儿童得到的信息不是“这是我将来寻找配偶时需要的物种”，而是错误的“这是我将来寻找配偶需要的那种人”。

这种限定性影响可能会酿成严重的问题。这种影响干扰择偶过程，根源是挥之不去的父母形象，也就是按照父母的形象去选择配偶；这种择偶标准是很不合适的。反过来，本来很合适的配偶并不能缔结圆满的关系时，仅仅是因为他或她缺少父母的某一个琐细但关键的特征。（“我爸爸绝不会这样做”——“但我不是你老爸”。）

这种关系混乱的烦人现象不自然，根源是家庭孤悬于社会的不自然状态，这是拥挤的人类动物园产生的隔离。“我们中间的陌生人”现象往往成为压制的因素，小型社区那种部落共享、互相交流的氛围难以形成。家庭对外人取防范的态度，内向，互相封闭，住在一排排整齐的梯队似的房屋里或半独立的笼子里。不幸的是，这种情况没有改善的迹象，而是越来越严重。

说完关系混乱的问题以后，我们转向另一个古怪的错误烙印问题，这是人类特有的错误烙印。我们进入的古怪领域被叫作“恋物癖”（fetishism）。

对少数人来说，首次性经验的性质会在心理上产生畸形的作用。这种人结偶的对象不是某个人的形象，相反，其性固恋对象是首次性经验发生时在场的某一种无生命的物体。为何这些人不能规避生育上不正常的性固恋，其原因并不是很清楚。也许，它依附于首次性经验时在场的某种生动的或暴力的现象。无论其根源在哪里，这种现象令人关注。

从现有的病历看，恋物癖之所以发生，可能是因为首次性经验是自动发生的，或者是没有人在场时发生的。许多情况是，恋物癖可以追溯到少年第一次射精的经验，或者是因为无女性在场，或者是由于缺乏恋爱经历。射精时在场的某种典型物体立即获得了强大而持久的性意义。仿佛整个结偶关系的印记偶然被导向了一种无生命的物体，刹那间赋予它重要的角色，使之成为终生的性经验。

这种令人关注的错误烙印形式也许并不那么罕见。大多数人首次的结偶对象是一位异性，而不是皮手套或皮靴；我们乐意公开宣传我们的关系，相信别人理解并分享我们的感情。然而，有恋物癖的人深深地依恋异常的性对象，在其依恋对象这个问题上保持沉默。他性印记中的无生命对象对他极端重要，对他人则毫无意义；由于怕被讥笑，所以他要保密。对大多数人即非恋物癖者而言，他依恋的物体毫无意义，而且对其他有恋物癖的人而言，他这个对象也毫无意义，因为每一位恋物癖患者都有特殊的对象。对依恋皮靴的人而言，皮手套就没有性意义，正如皮手套对正常人没有性意义一样。于是，由于高度专门化的性印记，这位有恋物癖的人就被自己的性对象孤立起来了。

在此背景下可以说，某些物体在恋物癖的世界里出现的频率相当突出。橡胶制品尤其普遍。检查几个具体的案例以后，这一现象的意义会更加清楚。

一位 12 岁的少年抚弄狐皮衣时第一次射精。成年以后，只有在有毛皮的情况下，他才能够获得性满足。他不能以普通的方式和女性做爱。一位少女手抓一块黑丝绒手淫时第一次体会到性高潮。成年以后，丝绒成为她性行为的必要条件。她的住宅里到处挂满丝绒，她嫁人的目的是为了获得更多钱去买更多的丝绒。一位 14 岁的少年第一次的性经验是穿丝裙的女孩子。后来，他不能和裸体的女人做爱。另一位少年在窗口向外张望时第一次射精，他看见一位拄双拐走路的女人。结婚以后，只有妻子带双拐上床，他才能与妻子做爱。一位 9 岁的男童用一只柔软的手套抚弄阴茎时第一次射精。成年以后，他患上了依恋手套的恋物癖，搜集了数以百计的手套。他的性活动都指向这些手套。

这类例子很多，成人的恋物癖显然和第一次的性经验有关。其他常见的物体有：鞋子、马靴、硬衣领、女用紧身胸衣、长筒袜、内衣、皮革、橡胶、围裙、手绢、头发、脚、特种衣服比如护士服。有时，这些东西成了成功（除此之外才算正常）性交的必要条件。有时，它们完全取代了性伙伴。特定的质感似乎是这些物体的主要特征，常常是因为在这些人的第一次性经验里，挤压和摩挲这些物体很重要。具有典型触摸特征的东西容易成为恋物癖的对象。橡胶、皮革和丝绸成为这种对象的频率之所以高，其原因就在这里。

鞋子、靴子和脚也经常成为恋物癖的对象，看来，它们容易用来挤压身体是原因所在。一个经典的案例是，一位 14 岁的少年与一位 20 岁的姑娘玩耍，她穿着高跟鞋。他躺在地上，她戏耍时用高跟鞋踩他。她的脚碰到他的阴茎，引起他第一次射精。成年以后，这成为他唯一的性活动，他劝说一百多个女人用高跟鞋踩他。他理想的条件是，女人的体重符合原来那个的标准，高跟鞋也是那样的颜色。为了最低限度的性满足，第一次性经验的情节必须要尽可能准确地重现。

最后这一例清楚说明，性受虐狂是如何形成的。譬如，有一位少年第一次射精时，他正在和一位高大得多的女孩子摔跤。后来，他的性行为就固化在高大的、具有攻击性的女人身上。但某些形式的性施虐狂如何在类似的条件下形成，这个问题就难以想象了。

恋物癖和一般条件反射的形成机制有所不同。它有点像印记（或本章开头提及的创伤性经验）：来得快，持续久，极端难以逆转。它也发生在一个敏感期。它还有点像错误烙印：固恋一个异常的物体，把性行为引向生物学上不正常的对象，而正常的对象应该是异性。恋物癖并不能给人带来多少积极的性意义，因为它造成了损害，其问题是排除了其余的一切性对象。恋物癖的错误烙印非常强大，在上述“无所不用其极”的性兴趣中，其影响可见一斑。正如试验中的小鸭只尾随那只橙色的气球、不跟随母亲一样，依恋手套的人只能用手套手淫，完全不理睬潜在的性伙伴。当正常的印记机制不起作用时，印记的专一性就造成了困难。我们都发现，多种质地的东西和摩挲时的手感对性的交欢有辅助的作用，对丝织品和丝绒品作出性回应不足为奇。但如果我们的依恋固化于这些对象，对其他一切都没有兴趣，乃至于和这些对象形成结偶关系（那位固恋鞋子的男子说，他独自一人遇见女人的鞋子时，“不禁脸红，仿佛这些鞋子就是女人”），如果是那样，他的印记机制就出了大错。

为何相对数量比较多的人被打上这种错误烙印？在野生状态下，动物不会有这样的遭遇。只有被捕捉并在极端不自然状态下由人工喂养时，或者与异类禁锢在一起的情况下，或者在特殊的试验条件下，它们才会形成错误烙印。在我们的许多超级部落中，青春期临界期的性行为受到严格的限制。不过，虽然性行为被掩盖起来并披上了各种不自然的外衣，但它是不可能被完全遏制的，它很快就冲破重重障碍。冲破禁锢时，必然有许多典型的物体在场，那时，这些东西就可能给人留下过分深刻的印象。倘若青春期的少年在比较早的阶段逐渐有了比较多的性经验，倘若初期的性探索比较丰富，倘若他在超级部落里受到不自然的限制比较少，那么，他就可以避免后来生活中的错误烙印。如果研究发现，有多少极端恋物癖的人曾经是孤独的孩子，没有兄弟姐妹，或者在少年时代胆小害羞不与人接触，或者生活在管教太严的家庭里，那将是很有趣的发现。这个问题还需要研究，不过我的猜想是，比例并不低。

上文尚未提及的一种重要的错误烙印是同性恋。之所以推迟到这里才讲，是因为它比较复杂，而且错误烙印仅仅是一部分原因。同性恋行为以四种形式出现。首先，它可能是一种颇像恋物癖的错误烙印。如果最初的性经验很强烈，而且是和同性的亲密行为，那么，对同性的固恋就迅速形成。如果两位少年摔跤，或搞性游戏，且导致射精，那就会留下错误烙印。奇怪的是，尽管少年常常享有这样那样的性经验，但大多数成年男子都是异性恋。在这里，我们又需要更多地了解，少数人而不是多数人固恋同性的原因何在。和恋物癖的情况一样，也许同性恋和少年时代社会经验是否丰富有关系。社会接触越是受限，与他人的互动越是隔绝，个人的性经验就越是一片空白。大多数少年的性“黑板”上只有几根淡淡的线条，抹掉后又画上，但内向少年的性“画布”却是一片空白。终于画上几根线条后，其戏剧性冲击就很大，也许他就会重视牢记那样的图画。调皮捣蛋、外向的少年可能会有更多的性活动，他们会搁下性经验并继续前进，在社会化探索的过程中追求越来越多的性经验。

我现在讲持久同性恋的其他原因。之所以说“持久”，那是因为大多数人在人生的某个时候都有过短暂的同性恋活动，这样的性行为是一般性探索的一部分，男女两性都是如此。对大多数人而言，就像它对调皮捣蛋的少年一样，同性恋仅仅是温和的经验，一般仅限于童年时代。但对有些人而言，同性恋模式贯穿一生，常常达到接近排除或完全排除异性恋活动的地步。我已经介绍了这种错误烙印，但它不能解释一切同性恋行为。同性恋第二种非常简单的原因是，异性的行为使人非常不愉快。一位受女孩子恐吓的少年可能会把其他男性当作更加吸引人的性伙伴，尽管他们并不是圆满的性对象。被男孩子恐吓的少女可能会作出同样的反应，她转向其他女孩子，把她们当作性伙伴。当然，恐吓并不是唯一的机制：异性的背叛和其他形式的社会惩罚或肉体惩罚可能会产生同样的效果。（即使异性并不表现出直接的敌视态度，严重受限的异性恋活动也可能导致同样的后果。）

持久性同性恋的第三种主要影响是童年时代对父母角色的评估。如果男孩子的母亲欺负父亲，他很可能混淆并颠倒男女的性别角色。这就使他后来去选择错误的性别作为结偶的伴侣。

同性恋的第四个原因更加明显。如果周围环境里长期没有异性，那么同性就成了最好的性选择。在其他三种因素缺失的情况下，脱离女性的男性或脱离男性的女性可能会长期搞同性恋。譬如，即使男囚犯没有错误烙印，即使他喜欢异性，即使他的母亲以完全阳刚的方式欺负父亲，如果他被关在全部是男人的牢房里，那么，最接近女性身体的只能是男性的身体，他就只好长期搞同性恋。如果在监舍、寄宿学校、海军舰艇、陆军营房的单性环境里生活了多年，双性恋的人最终可能会成为同性恋，他可能会习惯于从无可奈何的同性恋模式中得到报偿，在出狱后进入异性恋的环境时，他同性恋的倾向已积习难改了。

在这四种导致持久同性恋的因素中，只有第一种和本章有关系，但为了解释错误烙印在这种特殊的性现象中扮演的有失偏颇的角色，我们就将四种影响一并介绍了。

其他动物的同性恋行为是无可奈何之下的次佳选择，而且在性活跃的异性露面时立即就消失得无影无踪。不过，有几例持久同性恋的报告是根据特殊受控条件下的试验做出的。譬如，在小野鸭出壳后的前 75 天里，如果 5—10 只雄鸭在一起喂养，不接触雌鸭，它们就成为永久性的同性恋。成年后，它们被放进雌雄鸭子皆有的水塘里，但它们对雌鸭置之不理，只在自己那一群雄鸭中结成同性恋的对子。这种情况会持续好几年，乃至终生；无论雌鸭怎么追求，这些雄鸭都没有兴趣。同性恋的鸽子经常互相“交配”，有可能结成完全排他性的对子。两只有错误烙印的雄鸽会厮守，度过整个繁殖期，合作筑巢，孵化鸽蛋，喂养雏鸽。当然，它们孵化的鸽蛋是从雌雄配偶的巢穴里取来的受精卵。这对同性恋鸽子很快就接受了外来的受精卵，认为这些蛋是自己的性伙伴生下的。在它们开始孵化以后，即使另一只雌鸽被放进来，它们也不大可能搭理她。它们的同性恋至少贯穿了整个繁殖期。

人身上的错误烙印不限于性关系，它还可能出现在亲子关系中。至于婴儿是否因错误烙印而把其他动物当成父母，还缺乏有说服力的例证。著名的“狼孩”案例（被遗弃或失去父母的婴儿由母狼喂养）从来就没有充分的证据，暂时只能留在虚构的领域。然而，如果这样的事情能够发生，毫无疑问，狼孩就留下养父母的错误烙印了。

相比而言，逆向的例子几乎每天可见。幼兽由人工喂养时，有错误烙印的就不仅是宠物了，喂养它的人也打上了错误的烙印，成了它的养父母，并把它当作自己的婴儿了。他们会像宠爱自己的孩子一样宠爱这只幼兽，如果它生病，养父母也会感到心碎。

就像小鸭尾随那只橙色气球一样，假性父母有一些特征，容易留下错误的烙印（小鸭尾随的是一个硕大的移动物体），如果假性婴儿有一些典型的人的特征，它也容易留下错误的烙印。婴儿的特征是无助、柔软、温暖、圆润、大眼、哭闹等。一只幼兽具有的婴儿特征越多，就越容易与养父母结成亲子关系。许多幼小的哺乳类动物几乎具有婴儿的全部特征，所以人很容易在几分钟内就被打上错误的烙印。一只柔软、温暖、大眼的幼鹿呼叫母鹿，一只无助、浑圆的小狗呼叫母狗，都投射出很有吸引力的幼儿形象，很少有女性能不动慈母之心。有些动物幼崽的婴儿特征胜过真的婴儿，假性婴儿那些被放大的刺激信号甚至比真婴儿的信号还要强大，于是人身上的错误烙印就更强烈了。

动物假性婴儿有一个很大的缺陷：长得太快。和人类的婴儿相比，即使成长比较慢的动物似乎也在一夜之间成熟了。此时，它们就很难驾驭，因而失去了吸引力。然而，人毕竟是智慧的物种，他们采取种种措施来对付宠物幼崽令人遗憾的快速成长。经过数百年的选择性繁殖，人成功了，我们使家畜更像婴儿，所以成年的猫和狗比野猫野狗显得更加幼小。这些宠物更喜欢玩耍，独立性更差，能继续发挥它们婴儿替代物的作用。

有些品种的狗比如哈巴狗或小型狗经过了极端的变化。它们不仅行为更稚嫩，而且相貌、声音和感觉都更幼小。它们的身体结构变得更像人类的婴儿，乃至成年后也像婴儿。于是，它们就更像假性婴儿，不仅几个月的小狗，而且 10 岁的狗都像婴儿，其憨态维持期和儿童的童年期一样长。再者，它们在一个方面胜过真正的幼儿，那就是它们终生都像婴儿。

哈巴狗是一个很好的例子。和一切家犬一样，其祖先也是狼，重达 150 磅，甚至更重。欧洲成人的平均体重大约与此相当，约 155 磅。婴儿的体重大约是 5—10 磅，平均 7 磅多一点。为了把狼变成假性婴儿，其体重不限于减少到原来自然体重的十五分之一。哈巴狗是这个选育流程的成功例子，如今它的体重约 7—12 磅，平均为 10 磅，至此一切令人满意。它和婴儿的体重匹配，连成年的哈巴狗也具有假性婴儿的首要特征：小东西。但我们还需要做其他的改进。典型的狗腿与身长相比太长。这个比例更容易联想到长腿的成人而不是短腿的婴儿。因此，再加把劲改良它们的腿吧！通过选择性培育，就可能繁育出腿越来越短的狗，直到它们鹅步蹒跚。这不仅可以矫正其腿长与身长的比例，而且可以使之更加笨拙和无助，这也是婴儿的两种宝贵特征。但哈巴狗身上还缺少婴儿的一个特征，它摸上去固然暖和，但身体太硬。而且，其自然的毛发太短、太硬、太粗。所以，再努力改良它的毛发吧！于是，选择性繁育就可以助我们一臂之力，使我们培育出的狗毛又长又软，像丝绸一样流畅，这就是婴儿般超柔软的手感了。

狗的体型还不太令人满意，还需要进一步改良。它还要更丰满，眼睛更大，腿脚更短。只需看一看哈巴狗，就可以发现，这些变化是人强加于它的。原来，它的耳朵耸得很高、很尖，改良以后的哈巴狗耳朵更大、更软，身披长毛，选育的结果使它更像婴儿的头发了。野狗的声音很低沉，而狗的身材的缩小解决了叫声低沉的问题：哈巴狗的声音更尖细，更像婴儿的喃喃细语。最后要改进的是面孔。野狗的面孔太突出，需要来一点基因整形术。它可能腭骨畸形，进食困难，但那是必须要完成的改造。于是哈巴狗的面孔被削平了，它更像婴儿。再者，这还有其他好处，因为它更加无助，所以它更依靠假性父母，由人提供现成的狗食，这是父母必不可少的另一种活动。成功了，我们的哈巴狗坐在跟前，像婴儿，柔软、圆润、无助、大眼、面部扁平、准备在成人身上打上错误的烙印，形成强大的假性亲子关系。这样的改良成功了。它们不仅需要母爱，而且与人一起生活，一起出行，有自己的医生，常常像人一样埋葬在公墓里，乃至享受人一样的遗嘱，继承金钱了。

正如我探讨其他课题时所言，这是描绘，不是批评。显而易见，这类活动满足了一个一般情况下无法满足的基本需要，却遭到很多人的批评，何以至此的原因实在是难以理解。为何有人能接受这样的印记，却不能接受其他的印记，这里的原因也难以理解。许多人对性错误烙印感到恶心，想到有人和他固恋的物体做爱就感到厌恶，想到一位男子和另一位男子做爱就非常反感；然而他们乐意接受父母似的错误烙印，喜欢抚摸哈巴狗，用奶瓶喂养小猴。为何会产生这样的区别呢？从生物学角度来讲，这两种活动并没有区别，都产生了错误的烙印，都是正常关系的偏移。虽然从生物学的意义上看，它们都应该属于不正常的范畴，但它们对旁观者、局外人都无害。我们可能觉得，如果有恋物癖的人和没有儿女的动物爱好者能够充分享受家庭生活的乐趣，那就会更加令人满意。但那是他们的损失，不是我们的损失，我们没有理由对他们抱敌视的态度。

我们必须要面对这样一个事实：我们在人类动物园里生活，必然会遭遇许多不正常的关系。我们必然会接触异常方式的异常刺激因素。我们的神经系统没有对付这种局面的机制，我们的回应模式有时可能会失灵。我们可能会发现，和实验动物或动物园里的动物一样，我们自己有一些固化的奇怪关系甚至破坏性关系，有时我们还遭遇严重的关系紊乱。这样的现象任何时候都可能发生在任何人身上，这仅仅是生活在人类动物园里的另一种危险。我们都是潜在的受害者，在他人身上看到这样的危险时，最恰当的反应是同情，而不是冷眼相看，不能容忍。

第六章

寻求刺激与控制刺激

快到退休年龄时，人往往梦想静静地坐着晒晒太阳。他希望放松，在闲适中颐养天年。如果他能如此圆梦，结果是肯定的：他不仅不能延年益寿，反而会少活几年。理由很简单——他放弃了寻求刺激的斗争（stimulus struggle）。在人类动物园里，我们终生在进行这样的斗争；一旦放弃了或不善于这样的斗争，我们就会陷入严重的困境。

这种斗争的目的是从环境中获得最佳的刺激，这并不意味着最大限度的刺激。刺激过度和刺激不足都可能存在。最佳的（即令人愉悦的和适中的）程度位于两极之间，就像是把收音机的音量调到最佳的位置：太低就没有冲击力，太高就令人痛苦。两种状态之间的某一点就是理想水平。在我们的整个生活中，达到最佳水平的刺激是生存斗争的目的。

对超级部落里的人而言，这一水平不容易达到。我们周围仿佛有数以百计的"收音机"，有些呢喃低吟，有些震耳欲聋。在极端的情况下，如果它们全都低吟、单调、老调重弹，人就会觉得极端无聊；倘若它们全都震耳欲聋，人就会感到极大的压力。

我们的部落祖先并不觉得这是一个困难的问题。生存的需求使他们忙个不停。他需要投入全部时间和精力，他要生存，要寻找食物和水源，要捍卫领地，要避免敌害，要生养孩子，还要建造并维修遮风避雨的居所。即使在年景异常恶劣的情况下，挑战也是比较简单明了的。他不会遭遇复杂的挫折和冲突——那是超级部落生活里才有的典型问题。他也不会由于刺激不足而感到太无聊，过度无聊是超级部落生活强加于人的问题。野生动物或“野”人在自然环境中不会遭遇这样的问题。然而，在都市人身上，在动物园里的圈养动物身上，这两种问题我们都看到了。

和人类动物园一样，动物园给圈养动物提供了各种条件：稳定的食物和饮水，遮风避雨的笼舍，免遭敌害。动物园保证它们的卫生和健康，在某些情况下又使它们遭遇极度的紧张。在这种高度人为的环境中，它们也被迫从生存斗争转向寻求刺激的斗争。当外部世界输入的刺激太少时，它们不得不想办法增加刺激。偶尔，在外部刺激太多（比如新捕获的动物关进来感到恐惧）时，它们就不得不想办法减少刺激。

对一些动物而言，这个问题比较严重。从这个角度看，动物可分为两类：专食动物和杂食动物。专食动物在演化过程中形成了极端单一的生存方式，这是它们赖以生存的唯一手段，也是支配它们生活的唯一手段。这类动物有食蚁兽、考拉、大熊猫、蛇和鹰。食蚁兽只要有蚂蚁，考拉只要有桉树叶，大熊猫只要有竹子，蛇和鹰只要有老鼠之类的猎物，就活得很轻松。它们的食谱极端专门化；只要特殊的需求得到满足，它们就可以接受一种慵懒的但没有刺激的生存模式。譬如，关在小笼里的老鹰可以活 40 年，它甚至懒得啄一啄自己的爪子；当然有一个条件，它们每天能啄食刚被杀死的兔子。

杂食动物是机会主义者，它们不那么幸运。这类动物有狗和狼、浣熊、猴子和猿类，其演化结果并不是单一、专门的生存手段。它们杂而不精，随时准备接受环境提供的任何便利。在野生条件下，它们从不停止探索研究。它们考察一切，以便寻找一切有助于生存的好处。它们不能松懈，演化使它们不能松懈。它们的神经系统讨厌静止不动，并促使它们不断前进。在一切物种里，人是最典型的机会主义者；和其他机会主义者一样，人是最活跃的探索者。人与生俱来的内嵌式的生物需求是：从环境中获得大量的刺激输入。

在动物园（或都市）里，显然最受害的是这些机会主义的物种，生活情景的不自然是其困境的根源。即使给它们提供了非常均衡的食谱、完美舒适的居所、精心的保护，它们还是感到无聊、倦怠，最终患上神经病症。我们对这些动物的自然行为越了解，症结就越是明显，比如，动物园里的猴子只不过是野生猴子被扭曲了的漫画似的变种。

但这些机会主义的动物心有不甘。它们用令人惊叹的聪明才智去应付令人不快的情景。同理，人类动物园里的居民当然也毫不逊色。如果我们对动物的反应和人的反应作一番比较，我们将透彻了解两种情景的相似性，它们都是非常不自然的环境。

寻求刺激的人生斗争必须遵循六条基本原理。审视这些原理能给人启示，检视每一条原理时，我们都先考察动物园，后研究人类动物园。以下是六条基本原理。

1. 如果刺激太弱，你可以提出一些不必要却又能解决的问题，借以增加你的行为输出

我们都听说过省力的装置，但这第一条原理说的却是浪费精力的办法。寻求刺激的人刻意找事做，用繁复的模式去做本来可以简单完成的工作，或者做根本不必再做的工作。

在动物园的笼子里，野猫可能把死鸟或死老鼠抛起来，然后纵身跳起，扑向老鼠。它抛起猎物，使之动起来，将生命重新“注入”猎物，自己也得到机会去完成“猎杀”的动作。同理，猫鼬也叼起肉来猛甩，把猎物“甩死”。

我们看到的这种现象也延伸到了家畜的身上。宠物狗娇生惯养，饱食终日，它会把皮球或棍子搁在主人的脚下，耐心等待主人把皮球或棍子扔得远远的。一旦飞起来，这个物体就成了“猎物”，它就可以去追逐、捕获、猎杀并取回猎物，并希望主人再让它重复同样的动作。家犬可能不会饿肚子，但它渴求刺激。

笼中的浣熊同样富有创造性。即使附近的小溪里没有食物，它也要去觅食，即使没有小溪，它也要去搜寻。它把喂它的食物扔进鱼池里，然后去“捕鱼”。抓到鱼以后，先在水里玩耍一阵子，然后才吃。有时，这个捕食的过程把面包搞成一团糟，不能再吃，但不要紧，它那受挫的捕食冲动终于得到满足了。浣熊漂洗食物的传说长期流行，其源头大概就是这种猎食的冲动吧。

有一种大型啮齿类动物，像踩高跷的豚鼠，名叫刺豚鼠。在野生的环境里，它要剥掉植物的皮以后才吃。它用前爪抓住食物，啃掉皮，就像我们剥橘子皮一样，把皮剥光以后，它才开始吃。在圈养环境里，这种剥皮的冲动不减当年。即使拿到干净的苹果或马铃薯，它也要非常讲究地慢慢剥皮，然后才吃，最后却又狼吞虎咽地把剥下的皮吃掉。即使面包它也想去“剥皮”。

转向人类动物园时，我们看见非常相似的画面。在现代超级部落里降生时，我们进入的是这样一个世界：人类的聪明才智已经解决大多数基本的生存问题。和圈养动物一样，我们发现环境很安全。大多数人必须要做一定数量的工作，但技术发展使我们有大量的时间去参与寻求刺激的斗争。我们不再一心一意去解决寻找食物和居所、养育子女、捍卫领地或避免敌害的问题。假如你不同意这个观点并且说，你从来不停止工作，那么，你就必须自问一个关键的问题：你是否能少做一点工作而生存呢？在许多情况下，你的回答必然是“可以”。现代超级部落人的工作相当于祖先的猎食，和圈养动物一样，他经常以繁复的方式去完成工作模式，他那种工作方式严格地说是不需要的。他自找麻烦。

在超级部落里，只有那些极端艰难困苦的阶层才在为生存而工作。但只要有一点空余时间，即使这些生活困难的人也要寻求刺激，其原因是：虽然原始的部落猎人可能是“为生存而工作的人”，但他的任务多样而有趣。但在今天，不幸的、地位低下的超级部落人正是“为生存而工作的人”，他的处境并不美妙。由于劳动分工和工业化，他被迫做极其枯燥的重复工作，日复一日，年复一年——真是对人类卓越大脑的嘲弄。好不容易得到片刻空闲，他和现代世界的其他人一样，也需要寻求刺激，因为人类既需要一定强度的刺激，又需要多种形式的刺激；既需要一定数量的刺激，又需要一定品质的刺激。

至于其他人，如我所言，大量的活动是为工作而工作；如果其工作已够刺激，寻求刺激的人比如商人在工作时已经大有斩获，所以在闲暇时间里，他可以放松去搞一些轻松的活动。他可以在炉边打打盹，喝口酒提提神，或者到安静的饭店去享用晚餐。如果他的饭局还包括跳舞，那就值得看看他如何跳。问题是，我们为生存而斗争的工人也可能在晚上跳舞。初看之下，这两种人都跳舞好像有什么矛盾，但仔细观察显示，他们的跳舞真可谓迥然相异。大商人不会跳费劲的带有竞争性的交谊舞，也不会跳狂放不羁的民间舞。他们在夜总会的舞池里显得笨手笨脚（舞池很小，那是为了适合他们寻求弱刺激的需要），他们的舞蹈不带任何刺激性，更不会狂放不羁。工人可能是舞场高手，精明的商人却可能跳得很笨拙。这两种人都达到了某种平衡，当然平衡就是寻求刺激的目标。

这样的描写也许失之过简，把这两种人的区别描绘得太像是阶级差别，其实不是。许多商人很无聊，他们办公室里的任务是没完没了的老一套，和流水线上的包装活一样单调乏味。他们也需要在闲暇时间寻求更加刺激性的娱乐。另一方面，许多简单的体力活却是丰富多样的。比较幸运的工人像成功的商人一样，晚上有时间放松，去静静地品酒聊天。

另一种有趣的现象是刺激不够的家庭主妇的生活，这是值得观察的现象。她坐拥现代省力设施，一定要想方设法搞一些浪费劳动的事情来消磨时间。她这样做不会像听上去那样徒劳无益，至少她可以挑选自己的活动——超级部落生活的全部好处就在这里。原始部落生活是没有选择的，你不得不做这样那样的事情，否则就是死路一条。当你意识到你不得不做点事情时，你可以做这做那，或者做你喜欢的任何事情，甚至可以打破寻求刺激斗争里的金科玉律。于是，当厨具在厨房里自动运转时，家庭主妇必须做一点其他的事情，而她的选择可能无穷无尽，她的游戏可能极具吸引力。当然，那样的游戏也可能误入歧途。突然，刺激不够的游戏人可能会觉得，她拼命追求的补偿性活动实在是毫无意义，这样的情况屡见不鲜。重新摆放家具、集邮、让狗狗报名参赛有什么意思呢？那能证明什么呢？有什么收获呢？这就是寻求刺激斗争的危险之一。无论你怎么看，取代为生存而斗争的活动永远是替代手段而已。幻灭感很容易袭上心头，你必须想办法对付幻灭感。

对付幻灭感有几种办法。一种比较极端，这就是“寻求刺激斗争”的翻版——“诱惑性生存斗争”（tempting survival)。有幻灭感的年轻人不是到球场上去打球，而是用球去砸玻璃窗；有幻灭感的家庭主妇不抚弄爱犬，而是去抚弄送牛奶的工人；有幻灭感的商人不摆弄自己的汽车引擎，而是去剥掉女秘书的衣服。这种排遣引起的后果富有戏剧性。刹那间，卷入丑闻或绯闻的人就不得不为他的社会生存而斗争了。在这样的阶段，他们对摆弄家具、集邮等失去兴趣。混乱的生活复归平静以后，原有的替代活动似乎突然间又吸引人了。

另一种不那么极端的手法是“依靠代理人的诱惑性生存斗争”(Tempting Survival by Proxy)。形式之一是干涉他人的情感生活去制造混乱，让他人替代你去承受本来是你自己的遭遇。这就是流言蜚语的原理：散布流言蜚语之所以极端流行，是因为它比直接的行动安全。最坏的结果莫过于失去一些朋友。如果手腕高明，相反的结果就会发生：朋友可能更友好。如果你的计谋破坏了他们的生活，他们可能比从前更需要你的友谊。这一手法能获得双重的好处：旁观他们生存斗争的戏剧，将其作为代理人去体会兴奋，事后与他们的友谊还有增无减。

第二种形式的“依靠代理人的诱惑性生存斗争”不那么具有破坏性。办法是认同书籍、电影、戏剧和电视里的虚构人物的生存斗争。这种办法更加流行，应运而生的庞大产业满足了它造成的大众需要。这一手法不仅既无害又安全，而且其特点是非常省钱。如果直接参与“依靠代理人的诱惑性生存斗争”的游戏，你可能不得不付出高昂的代价。这第二种解决办法不过是花几文钱，它容许你欣赏诱奸、强奸、通奸、凶杀和抢掠，而你甚至可以不必离开舒舒服服的扶手椅。

2. 如果刺激太弱，你可以对一般的刺激作出过度的反应，借以增加你的行为输出

这是“寻求刺激的斗争”的放纵原理（over-indulgence principle）。和第一条原理不同，你不设置你能解决的问题，虽然手边的刺激不再以原来的作用令你兴奋，你还是反反复复对这种刺激作出反应。这已成为单纯解闷的办法。

有些公园允许公众喂动物。这里的动物可能会穷极无聊，只好不断吃，直到大大超重。它们把动物园的食谱吃遍了，一点也不饿，但百无聊赖地嚼一点食物总比无所事事好。它们越来越胖，得了富贵病，甚至又胖又病。山羊吃掉成堆的冰淇淋纸板、纸张，游客喂的东西它们几乎来者不拒。鸵鸟甚至吞下尖锐的金属。一个典型的例子是一只雌象。有人仔细观察她在动物园开放一天内的饮食，除了正常、营养充足的动物园食物外，它吞下了游客喂的很多东西：1 706 颗花生，1 330 个水果糖、1 089 块面包、811 块饼干、198 瓣橘子、17 只苹果、16 张纸、7 个冰激凌、1 个汉堡包、1 根鞋带、1 只白色的女式手套。有记录显示，动物园的熊死于过多食物压迫而引起的窒息。这些例子就是动物寻求刺激而做出的牺牲。

最奇怪的例子是一只雌性大猩猩。它反反复复地吞咽和呕吐，吃下去吐出来，再吃下去再吐出来，宛如罗马人赴宴。一只懒熊有过之而无不及，它常常上百次吃下后吐出来，然后又反反复复地吃下它呕吐出来的食物，而且吃得津津有味，嘴巴咂得吧嗒吧嗒响。如果狂吃

的行为受到限制，又没有其他事情可做，动物就可能过度清理皮毛，清理干净整齐以后也不停止。这也可能导致严重的后果。我记得一只凤头鹦鹉，顶冠呈硫黄色，只剩下一片羽毛和黄色的冠毛，全身脱毛，就像烤鸡一样精光了。这是一个极端的例子，但绝非孤例。哺乳动物可能会抓挠并舔舐自己的皮毛，直到露出一块块裸露的皮肤，形成伤口。这就是痒痒和抓挠的恶性循环。

对寻求刺激的人而言，放纵原理令人不快的形式是众所周知的。婴儿期的例子有长期吮吸大拇指的习惯，其根源是和母亲接触太少，互动太少。年龄稍大时，我们可能沉溺于吃零食，用以解闷。我们无目的地吃巧克力和饼干，吃个不停，消磨时光，结果就和动物园的熊一样越长越胖。另一种形式是像那只凤头鹦鹉一样地清理肌肤，直到弄出毛病。我们的清理可能是咬指甲、在身上抓挠直至弄出伤口。喝闷酒又是一种形式：如果酒水甜，慢慢喝，那就长胖；如果喝得猛，烈度高，那就是酗酒，可能伤肝。吸烟也可以消磨时光，但也恶果累累。

显然，如果寻求刺激的方式不对，就会落入陷阱。问题是，这些自我放纵的、消磨时光的办法效果有限，不可能成为很强的刺激。所以，你只好不断重复，拉长时间。追求效果的主要方式就是长时间的放纵，当然麻烦随即产生。一般地说，这些消磨时光的次要方式不会有多大的危害，但过分的放纵当然就有害了。

3. 如果刺激太弱，你可以发明新的活动，借以增加你的行为输出

这一条是创新原理（creativity principle）。如果熟悉的模式太乏

味，聪明的圈养动物必然会发明新的模式。比如，动物园里的黑猩猩在周围环境中引进一些新奇的花样，它们探索新的运动方式，翻滚，拖着脚走路，玩各种体操。如果能找到一根绳子，它们会把绳子穿在顶棚上，用嘴巴咬住绳头在空中转圈，也可能用双手抓住绳头转圈，像马戏团的演员表演杂技。

许多动物会戏弄游客解闷。如果它们对游客置之不理，游客也可能不予搭理，如果它们招惹游客，游客当然就会报复。如果你是只聪明的动物，你耍弄游客的方式真令人吃惊。如果你是猩猩或黑猩猩，你可以向游客吐口水，游客就会惊叫乱跑，这有助于消磨时光；如果你是大象，你可以用鼻子向游客喷水；如果你是海象，你可以用前肢向游客泼水；如果你是喜鹊或鹦鹉，你可以用冠羽来吸引游客，当他们抚摸你时，你就可以啄他们的手指。

一只雄狮戏弄游客的本事真可谓出神入化。像公猫撒尿一样，它一般是跷起腿向直立的“路标”上横扫而去，留下自己的气味。向笼子的铁栅撒尿时，它发现撒到了游客的身上，觉得很有趣。游客后退躲避，惊叫。时间一久，它不仅瞄得更准，而且花样翻新。第一次撒尿后，第一排的游客后退，第二排的游客上前看个究竟。于是，它撒尿就不一次喷完，而是留一手撒第二次，使第二批游客尖叫不止。

与嚼食不同，乞食不那么极端，但同样有报偿；乞食的方式则五花八门。只需要发明一种动作或姿态乞求游客，使他们相信你肚子饿就行了。猴类和猿类发现，摊开手掌就足以达到目的，熊则有所创造，各有绝招：一只熊直立，挥舞前爪；另一只熊团身而坐，张开嘴巴，用前爪拍击下颚；还有一只直立，颔首点头，招呼游客靠前。如果你是这样一只熊，“培训”你的游客，让他们慷慨施舍，那真是易如反掌。问题是，为了不让游客扫兴，你得吞下他们扔给你的东西。如果你不吃，他们就不再顺从，反而转身走，于是，你发明的令人兴奋的社会互动就失去了意义。我们看到了乞食的后果：你不得不回到那不太令人满意的“放纵原理”，结果你就发福生病了。这些“体操”和乞食动作的要害是，野生动物没有这样的行为模式；它们是动物在圈养的特殊条件下的特殊发明。

在人类动物园里，创新原理登峰造极，令人瞩目。我已经指出，寻求刺激的生存替代活动早晚会显得毫无意义，因为可供选择的范围有限，于是幻灭感就会产生。为了避免这样的局限，人们追求越来越复杂的表达形式，非常吸引人的形式，使人获得很高层次的体验，给人无穷无尽的报偿。在这里，我们从解闷的消遣进入了令人兴奋的世界，这就是美术、哲学和纯科学的世界。这些活动是无价之宝，不仅能有效地抗衡刺激不足的缺陷，而且能够最大限度地开发最令人惊叹的大脑。

在我们的文明里，这些创新活动获得了重大的意义，所以我们容易忘记，它们只不过是寻求刺激的手段而已。像捉迷藏、下棋一样，它们不过是我们度过从摇篮到墓地时光的辅助手段，而且只有那些没有被生存竞争完全捆住手脚的幸运儿才能够享受到这样的创新活动。已如前述，之所以说幸运，是因为超级部落生活的最大好处是，我们相当自由，能选择我们从事的活动；当大脑设计出如此美好的追求时，我们应该庆幸，我们是为寻求刺激而斗争的人，而不是为生存而斗争的人。我们是具有创新精神的人，为实现自己的一切价值而奋斗。我们研究科学、听交响乐、朗诵诗歌、看芭蕾舞、观赏绘画作品，我们惊叹人类淋漓尽致、无以复加的创造能力，我们把寻求刺激的努力推向巅峰，我们在这场斗争中的机敏不可思议。

4. 如果刺激太弱，你可以对低于正常的刺激作出正常的反应，借以增加你的行为输出

这是外溢原理（overflow principle）。如果从事某种活动的内在冲动太大，在刺激它的外部客体缺失的情况下，它就会自动溢出。

在凄楚的动物园环境里，野生状态下不足以引起反应的物体会受到充分的重视。猴子可能会吃粪便——如果没有食物咀嚼，粪便就权当食物。如果没有领地游走，那就在有限的笼子里踱步，反反复复、来来回回，直到它那有节奏的、枯燥无味的漫步踩出一条路。这样的刺激也聊胜于无。

如果没有合适的性伙伴，圈养动物就可能把任何可用的东西当作性对象。比如，一只孤单的鬣狗把它那盛食物的圆盘当作性对象，用那盘子在下体上来回摩挲、有节奏地挤压阴茎。一只孤独的雄浣熊把卧床当作泄欲的对象。它抓起一捆干草，紧紧抱在怀里，用阴茎往里插，臀部来回抽送。有时，一只动物和一只异类动物同处一笼时，可能会把异类当作性伙伴的替代品。一只雄性毛刷尾豪猪与一只树豪猪同处一笼时不断骚扰树豪猪，反复试图与其交尾。这两种豪猪亲缘不近，脊柱形状差别大，不能交配繁殖，反复的挫折使它极端痛苦。在另一只笼子里，一只小巧的松鼠猴和一头高大的跳鼠关在同一笼子里，跳鼠约有松鼠猴 10 倍那么大，但小不点的松鼠猴并不在庞然大物面前望而却步，相反，它跳到跳鼠的背上去睡觉，并将其作为性对象。当地报纸报道了它反复受挫的沮丧，完全误解了它的意图。报道

说，小不点喜欢这种迷人的游戏，“骑在大家伙的背上，把它当作坐骑了”。

上述性行为例子使人想起恋物癖，但我们不应该将两者混为一谈。在“外溢活动”中，一旦自然的刺激出现，动物就回归正常的状态。在上述例子中，一旦同类雌性在场，它们就立即恢复向同类献殷勤的天性。它们并没有“钩”在雌性替代物上，不像上一章里所讲的真正的恋物癖。

一只雌树懒与一只夜猴关在一起时，发生了异常的“外溢”的活动。在自然条件下，这只猴子在树洞里安身，白天睡觉。野生状态下的雌树懒会长期紧抱幼崽。在动物园里，夜猴没有舒适的树洞，树懒没有孩子，于是两者相依为命，夜猴抓住树懒睡觉，互相需要的问题就迎刃而解了。

这第四条寻求刺激的“外溢原理”与其说是“暴风雨中的避风港”，不如说是“风平浪静的港湾”。尽管人类动物园里可能会巨浪滔天，但人却发现自己身处平静的港湾。由于这样那样的原因，超级部落人的情感模式时常受阻，得不到宣泄。在物质丰富的情况下，他被迫对低于正常的刺激作出反应，无论这样的刺激多么弱小。

在性行为方面，人类胜过大多数物种，他能用自慰来解决性伙伴缺失的问题，这是最常见的解决方式。尽管如此，兽交即人与其他动物的性行为也偶尔发生。兽交罕见，但并不像大多数人想象的那样罕见。美国人最近的一项研究显示，农场长大的美国男性在与“动物接触”时曾经有过性高潮者占到17%；更多人有过与农场牲畜比较轻微的性经验。在一些地方，这样的百分比竟高达65%。比较受欢迎的动物是牛犊、毛驴和马，有时，比较大型的家禽如鸡鸭鹅也是受欢迎的对象。

相比而言，女性的兽交行为要罕见得多。每6万美国人中，只有25人有过与动物接触而达到性高潮的经验，这样的动物一般是狗。

大多数人觉得，这样的行为既古怪又令人恶心。这种事实本身足以揭示，为了避免无所事事而寻求刺激的行为居然可以发展到难以想象的地步。超级部落和动物园的相似性是难以避免的。

其他形式的性行为比如“聊胜于无”的同性恋也可以纳入外溢原理这个范畴。在缺乏正常刺激的情况下，低于正常的刺激就派上用场。饥饿难耐的人忍不住啃木头等没有营养的东西，而不是不啃任何东西。如果没有敌人作为发泄对象，有攻击性的个人会砸烂没有生命的物体，甚至自残。

5. 如果刺激太弱，你可以人为放大你挑选的刺激，借以增加你的行为输出

这是创造“超常刺激”（super-normal stimuli）的原理。其前提是，如果自然而正常的刺激产生正常的回应，那么，超常的刺激就应该产生超常的回应。超常刺激在人类动物园里司空见惯，但在动物园里则比较罕见。动物学家设计了一些超常刺激的动物实验，借以研究动物的行为，这一现象偶尔见诸动物习性，但仅限于少数几个例子，我在这里详细描述其中之一。

这是我个人的研究所得。我在研究所房顶上的大鸟棚里养了许多鸟。有一段时间，一只猫头鹰经常晚上来骚扰，想要穿过铁丝网猎食小鸟。有几天黄昏时分，我到房顶上去观察，但猫头鹰不露面，以后

也不再听说它的骚扰。虽然在这方面一无所获，但塞翁失马，我看到了鸟棚里一些奇怪的现象。

鸟棚里有一些鸽子和小禾雀。禾雀一般挤在一起栖息，停在树枝上。奇怪的是，这些禾雀互不理睬，喜欢和鸽子做伴。每一只鸽子都有一只禾雀紧贴在身旁，这些小鸟舒舒服服地挤在鸽子身旁过夜。起初，鸽子感到吃惊，但由于太困，无力把不速之客赶走，只好与其贴身过夜了。

这一奇怪的行为模式我完全无法做出解释。这两种鸟不是在一起养大的，所以它们身上不可能存在错误烙印的问题。它们不是在笼中长大的，从一切规律来看，它们都应该与同类挤在一起栖息。另一个问题是：在那么多鸟类中，禾雀为什么专挑鸽子做伴呢？

回头说我接着观察的那些夜晚，我发现了更加稀奇的行为。睡眠之前，小禾雀会给鸽子梳理羽毛；正常情况下，这是同类的行为。更加奇怪的是，小家伙玩起了跳蛙游戏，它们跨越庞大伙伴的脊背，从一侧跳到另一侧，先跳到鸽子背上，然后在另一侧跳下，如此反复几次。最奇怪的是，我看见一只小家伙钻到鸽子的肚子下，拱开鸽子的两条腿。鸽子站起身来，困惑地打量自己浑圆肚子下的禾雀。禾雀站好以后蹲下来睡，鸽子也跟着它蹲下；禾雀粉红的喙从鸽子的胸部下露出来。

我得想办法解释这种异常的关系。除了那惊人的忍耐力外，鸽子的行为并无异常之处。需要进一步研究的是禾雀。我注意到，它们在晚间睡觉前向同类发出特殊的信号，表示准备安眠。白天活跃时，它们保持距离，晚间准备睡眠时，它们挤在一起。首先，最瞌睡的一只抖松羽毛，蹲下，这就是信号，招呼同群的同伴排到它的身旁，告诉伙伴，它不会拒绝；第二只飞来停在它身旁，同样抖松羽毛；接着，第三只、第四只、第五只等跟进，直到形成一排。晚来的同伴常常在那一排禾雀的背上跳来跳去，挤到中间最舒服的位置去。这就是我们需要的全部线索。

抖松羽毛和蹲下的动作使禾雀比活跃时显得更大更圆，这就是关键的信号："来和我一起睡。"一只睡觉的鸽子更大更圆，发出的信号比禾雀的信号更强有力。而且，和鸟棚里的其他鸟类不同，鸽子的灰色和小禾雀的灰色是一样的。禾雀天生习惯于身体更大、更圆和灰色的体征，自然更喜欢对鸽子的超常刺激信号作出反应。问题是，鸽子不排成一列睡觉，所以，一只禾雀挤在鸽子身旁时，觉得自己是在一排同伴的末端，于是就跳到鸽子的背上，发现自己并不是在末端时，就只好跳下去待在另一边。鸽子太大，像一排禾雀，所以它再试一次，还是找不到中间位置；但坚持不懈的禾雀在鸽子的两腿间找到了舒适的位置，把那里权当"中间位置"了。

已如前述，这是少有的动物界超常刺激例子之一，不是在刻意的实验条件下发生的。在其他更著名的例子里，总是要用一个仿制品。以陆上孵卵的蛎鹬为例。如果一个蛋滚出巢穴，它们总要用喙把蛋衔起来，放回巢穴。如果我们把仿制蛋放到巢穴附近，它们也要把这些仿制品衔进去。如果这些仿制品大小不同，它们总要选最大的。事实上，它们要多次尝试把比自己的蛋大几倍的仿制品推进巢穴，情不自禁地对超常刺激作出反应。

银鸥的雏鸟向父母乞食时，总要啄父母喙端一块鲜红的地方，父母呕出食物作为回应。这块红斑是视觉信号。试验发现，雏鸟对纸板上模拟父母头部的红斑画作出反应，它要啄那块红斑。反复的试验证明，成鸟头部的其他地方无关紧要，幼雏只会啄红斑。再者，如果给它一根三块红斑的棍子，它啄棍子的次数就比啄纸板画的次数多。这里的棍子也是超常刺激。

还有其他例子，但这两例足以说明问题。显然，改变自然的天性是可能的，有人觉得这个事实恶心。其实道理很简单：每一种动物都是一套妥协习性的产物，生存的矛盾需求将动物往不同的方向拽。比如，如果颜色太鲜艳，就容易被天敌发现；如果颜色太灰暗，又难以吸引伴侣等。只有生存的压力在人为减少的条件下，这套妥协的系统才会松懈。比如，家畜家禽得到人的保护，不必再惧怕天敌。它们单调的颜色就可以让位，取而代之的就可能是纯白色、艳丽的斑驳色和其他生动的图案。但如果它们被放归自然，其颜色就可能太惹眼，很快就成为天敌的猎物了。

和家畜家禽一样，超级部落人也可以漠视自然刺激的生存限制。他可以随心所欲地操纵或放大刺激，或使之变形。他人为地增加刺激的强度，造成超常刺激，大大推进自己的回应强度。我们喜欢移动的节奏，所以我们就开发体操；我们喜欢美食，所以我们就加重食物的调味；我们喜欢某些香味，所以我们就研制很香的香水；我们喜欢躺在柔软的东西上，所以我们研制超级的弹簧床垫。

我们可以从考察外观入手，包括我们的衣服和化妆品。许多男装都有垫肩。青春期男女肩头的差异非常明显，少年的肩头比少女宽。这是成年男性阳刚气自然而然的生物学信号。垫肩增加男子汉的超常性，最夸张的趋势出现在最男子气的军队里，这不足为奇，硬肩章进一步增加阳刚的效果。身高增加也是成年的特征，男性尤其显著，所以最富有攻击性的服装的巅峰手段是高耸的帽子或头巾，造成超常身高的印象。如果踩高跷不是太麻烦，我们无疑会乐意为之。

如果男性想显得特别年轻，他们可能会戴假发掩盖秃顶，镶假牙以撑起干扁的腮帮，穿紧身裤以遮掩发福的肚子。反之，有人发现，有些年轻的行政官员希望看上去老成，甚至把头发染成灰白色。

青春期的少女乳房膨大，臀部加宽，性成熟的特征使她令人注目。她可以用夸大这些性征的办法来加强性信号。她可以用托、垫、举、隆的办法来丰胸；她收紧腰围，以加大细腰和宽臀的对比。她还可以用假臀，尤其是在流行用裙撑鼓起衬裙的时代。

女性成熟的另一个变化是双腿拔长，腿和上体的比例加大。于是，长腿就等于性感，特别长的腿就特别性感。当然，腿的长度是天然铸就（虽然高跟鞋能使之略长），本身不可能成为超常刺激物，但色情画和女体画可以人为地把腿加长。挂在墙上的美人画的比例显示，她们的腿都特别修长，有时达到女模特实际腿长的一倍半。超短裙的流行不仅是为了更多地暴露而增加性感，而且是为了使腿显得更长而增加性感，并且和长裙的时尚形成强烈的反差。

令人眼花缭乱的超常刺激见诸女性的化妆品世界。光鲜、无瑕的肌肤具有性吸引力，世界各地莫不如此。美白粉和美白霜可以使肌肤光滑。有时，为了显示女性免于太阳下劳作之苦特别重要，于是就用化妆品使暴露的肌肤产生超白的效果。反之，为了显示她有闲暇很重要，就让她涂防晒霜晒太阳，把皮肤晒成棕褐色，这样的肌肤就成了她的资产。在这里，化妆品给她的皮肤带来超常的棕色。历史上有过另一种风尚，展示女性健康的肌肤时，重要的是给肌肤抹上超常的殷红色。另一个特点是，女性的体毛比较少，为了获得超常的效果就利用去毛的办法，把腿上的汗毛剃光，宁愿挨痛也要拔掉脸上的汗毛。

女性的眉毛本来就不如男性浓，但为了获得超常阴柔美的效果，连眉毛也拔掉了。除此之外，超常刺激的眼影、唇膏、指甲油、香水甚至乳头膏都用上了。我们煞费苦心地遵循寻求刺激的超常原理，由此可见一斑。

在第三章里，我们详细探讨了阴茎如何成为超常阳具象征的各种表现。在普通服装里，这一象征的运气不是太好，但遮阴袋流行的时候，它曾经风光一时。今天，我们能看见的阳具象征所剩无几，只剩下苏格兰裙跟前那超常展示的毛皮袋了。

春药的奇异世界完全是用于超常性刺激的。千百年来，许多文化里的老人都用人为的辅助手段来尝试壮阳。一本春药词典收录了900多个词条，有些令人忍俊不禁：当归汤、驼峰、鳄鱼粪便、鹿的精液、鸭舌、野兔肉汤、狮子的脂肪、蛇的脖子和天鹅的生殖器。无疑，许多词条的方剂之所以有效，并不是因为春药的化学成分，而是因为其吹胀的价格。在东方，犀牛角被当作超常性刺激的春药，价格暴涨，以至于使一些犀牛濒临灭绝。并非一切春药都是口服药，有些外用，有些当香烟抽，有些用鼻子嗅，有些抹在身上。从香料浴到鼻烟，一切疯狂搜寻的春药都用来服务于越来越强烈的性刺激。

现代制药业不再具有那么强烈的性取向，却也充斥着许多超常的刺激。安眠药片促成超常的睡眠；兴奋药使人超常机敏；通便药产生超常的通便功能；沐浴剂使人超常清爽；牙膏使人超常地咧嘴微笑。由于人的聪明才智，纯粹自然的活动十分罕见，任何活动都有某种超常形式的人为刺激了。

热热闹闹的广告世界充斥着大量超常的刺激，每一则广告都试图出奇制胜、独占鳌头。由于竞争对手营销的产品几乎和自己的产品完全一样，超常刺激的斗争也已成为庞大的产业。每一款产品都必须包装得引人入胜，压倒对手。这就需要在外形、质地、模式和颜色上下功夫，投入无穷无尽的精力。

超常刺激有一个基本特征：它基于某一自然的刺激，并不需要夸大其中的一切要素。蛎鹬对仿制蛋作出反应，那个蛋仅仅在一个要素上超常——特别大。但在形状、颜色和质地上，它和正常的蛋却是类似的。对银鸥的雏鸟所做的试验进一步证明，我们夸大了亲鸟喙上至关重要的红斑，其他不重要的特征则略去不见了。在此，起作用的是一个双重机制：重要刺激的放大，次要刺激的去除。在小银鸥的试验里，我们只证明一点：红斑足以促发幼雏的反应。在许多人身上的超常刺激里，这个双重机制发挥了重大的作用。这个机制可以表述为"寻求刺激的额外的辅助原理"（additional subsidiary principle for the stimulus struggle）。

这一辅助原理表明，被选择的刺激人为放大后成为超常的刺激，凭借压低其他的（未被选中或无关的）刺激，超常的刺激还可以进一步增强。这样的手法造成低于常态的刺激，于是，超常的刺激就进一步加强了。这就是"刺激极端性原理"（principle of stimulus extremism）。

如果我们想要在书籍、戏剧、电影或歌曲中寻求乐趣，我们就自动接受"刺激极端性原理"，这就是我们所谓的戏剧化的本质。真实生活里的日常行为不足以令人兴奋，我们必须夸大这样的行为。"刺激极端性原理"的运行可以确保两种效果：无关的细节被压抑，相关的细节被拔高，更加铺张。但即使在最写实主义的表演流派、非虚构文艺和纪实性影片里，相反的机制也要起作用。无关的东西被删削，以产生间接形式的夸张。在更加程式化的表演比如歌剧和情节剧里，直接形式的夸张更加重要，其唱腔、服装、手势、动作和情节可能会远离现实，然而它们还是对人脑产生强大影响。倘若这样的手法和效果显得奇怪，回顾那场银鸥雏鸟试验就可以给人启示。雏鸟作出反应的替代品与其父母风马牛不相及，其中一种替代品是一根涂抹了三块红斑的棍子。与之相比，我们对歌剧高度程式化的仪式作出反应也不足为奇了。

儿童的玩具、布娃娃和木偶非常生动地说明了这一原理。比如，布娃娃的脸蛋放大了一些特征，省略了其他的特征。眼睛特别大，眉毛却没有；嘴巴咧开笑，鼻子却只剩下两个小点。走进玩具店，你就走进了一个超常刺激和低于正常刺激的强烈反差的世界。稍大儿童的玩具才会减少反差，增加写实性。

儿童的绘画也说明了这一原理。画人体时，他们把重要的特征放大，把不重要的特征缩小甚至省掉。一般地说，头部、眼睛和嘴巴被放大的比例是最不协调的。这些部分是对幼儿最有意义的部分，因为它们是形成面部表情和交流的部位。耳朵不给人深刻的印象，也不那么重要，所以常常被省略了。

这种视觉上的极度夸张在原始人的艺术里也普遍存在。和人体其他部位相比，头部、眼睛和嘴巴一般大得超乎寻常，其他部分则大大压缩，这一点与儿童画无异。不过，被选中放大的因素则依据表现的对象而有所不同。如果是奔跑的人体，两腿就异乎寻常地又长又粗；如果是静止不动的人体，其四肢无动作，则四肢短小，甚至完全消失；如果史前人体表现生殖崇拜，其生殖器就极度夸张，超常之大，其余一切，均予忽视。这样的人体可能是肚子极度膨胀的孕妇，后翘的屁股、肥大的臀部、巨型的双乳等部位都非常夸张，却没有大腿、手臂、脖子或头部。

常常有人认为，如此处理题材的绘画手法产生丑陋的畸形，仿佛人体美受到恶意的伤害和侮辱。具有讽刺意味的是，如果这些批评家看看自己身上的装饰，他们就会发现，自己的外观并不完全是“造化的意图”。和儿童艺术家及原始艺术家一样，他们的身上也遍布“畸形”的超常要素和低于正常的要素。

“刺激极端性原理”的艺术魅力在于，这些夸张手法因时因地而有所不同，而且夸张的结果形成了新形式的和谐与平衡。在现代世界，动漫电影是视觉夸张的主要媒介，一种专门的视觉夸张见诸漫画艺术。漫画家挑选五官里特别突出的特征，再进行超常的夸张，同时缩小不引人注意的特征。比如，原本就大的鼻子可能被夸大两三倍，但那张面孔还认得出来，事实上更容易认出来。奥妙在于，我们辨认面孔时，都将其与心中理想化的“典型”面孔做比较。和这种“典型”的面孔相比，一张面孔的某些五官可能会有强弱、大小、长短、肤色的差别，这些差异就是我们记住的特征。漫画家必须要有本能的直觉，能够把握如此选中的特征，然后用超常的手法强化长处，弱化不足。这个过程和儿童绘画及原始人的绘画基本相同，唯一的差别是漫画家首先关注的是个体的差异。

在人类历史的大部分时间里，这种极度的夸张手法广泛渗透到视觉艺术中。超常和低于正常的修饰在早期的艺术形式中比比皆是，但千百年以后，写实手法在欧洲艺术中越来越占据主导地位，画家和雕塑家背负着尽可能准确记录外部世界的重任。到 19 世纪末，由于摄影技术的发展，当科学接过这令人生畏的任务时，艺术家才能够比较自由地处理题材。起初，艺术家的反应迟钝，虽然锁链在 19 世纪就砸断了，但到了20世纪，他们才完全挣脱这样的枷锁。在过去的60年里，一浪又一浪的反叛此起彼伏，极度刺激的夸张越来越张扬。“刺激极端性原理”在此成为创作信条：放大选中的要素，剔除其他的要素。

用这种手法处理的面孔在绘画中出现时，立即就引起了轩然大波。这些作品被讥笑为堕落的疯狂，反映的是20世纪生活的新瘟疫，而不是回归艺术更基本的追求，即寻求刺激的努力。在戏剧、芭蕾和歌剧里，情节剧式的动作夸张被欢欢喜喜地接受了，歌曲和诗歌里情感的极度夸张也被高高兴兴地接受了，但人们适应视觉艺术里类似的极度夸张却花了一段时间。完全抽象的绘画作品出现时，受到猛烈的抨击，被斥为荒诞不经，但正是这些批评者却乐意欣赏完全抽象的音乐表演。不过，音乐从来就没有被强制套上审美的紧身衣，没有人强制音乐去表现自然的声音。

我把超常刺激界定为人为夸张的自然刺激，这个概念可以被用来解释“人为制造的刺激”（invented stimulus）。我举两个明显的例子。姑娘粉红的嘴唇无疑是完美的自然、生物刺激；如果她用唇膏把嘴唇涂得更红，显然是在将其改变成超常刺激。这个问题比较简单，是我迄今重点介绍的例子。然而，铿亮的新汽车是什么样的刺激呢？其刺激性可能非常强烈，但它完全是人为制造的刺激。在与之比较的东西里，没有自然、生物的模特，无法在比较中寻找汽车身上被超常化了的自然刺激。但我们观赏各种汽车时，很容易就找到一些似乎是超常的特征。这些汽车更大，更富有戏剧性。事实上，汽车制造商专注于创造一些超常的刺激，这一点和唇膏制造商无异。汽车制造商的处境更灵活，因为不存在他不能逾越的自然的、生物的基线，但这两种制造商遵循的机制基本相同。新的刺激一旦被制造出来，它就会形成一条基线。在汽车制造史的任何一个时间点上，描绘一张草图，表现那个时期典型、常用和“正常”的车型，都是可能的。描绘那个时间点上的豪华车型也是可能的，豪华车型就是超常的汽车。汽车和唇膏的差异是，汽车的“正常基线”随着技术进步变化，而天然的粉红嘴唇是不会变化的。

超常原理的应用十分广泛，以这样那样的方式几乎渗透到生活的各个方面。从生存的需要解脱出来以后，我们通过双手和眼睛触及的任何东西去最大限度地获取一切刺激，有时造成刺激过剩而不消化。加强刺激时遇到的障碍是，我们可能会冒反应过度的风险，并因此而精疲力竭。我们就会同意莎士比亚笔下的思想的睿智：

为亮闪闪的金子镀金，为百合花着色，
在紫罗兰上洒香水……
实在是奢侈浪费，荒唐至极。

然而同时，我们又不得不承认，对王尔德[①]而言，“过度之举，一帆风顺；任何事情，难以相比”。(Nothing succeeds like excess.) 那么，我们该怎么办呢？答案是，我们引入另一项寻求刺激的辅助原理。

这就是说，由于超常刺激很强大，我们的回应就可能耗尽，所以

① 王尔德（Oscar Wilde，1854—1900），爱尔兰作家、诗人、戏剧家。19世纪末英国唯美主义的代表，提倡“为艺术而艺术”，著有《不可儿戏》《少奶奶的扇子》《道林·格雷的肖像》等，晚年长诗《里丁监狱之歌》揭露了其中的非人道行为。——译者

我们有时必须改变那些被选中来予以放大的要素。换言之，我们要寻求变革。这样的变化一般富有戏剧性，因为整个潮流为之一变。不过，这不妨碍某一类寻求刺激的工作成为追逐的目标，它只不过改变了超常重点的部位。时装和饰品千变万化的时尚最清楚不过地说明了这一辅助原理。

女装的至上原则是展示性感，导致时装专家所谓的性感区的移动律。如果从技术上定义，性感区的神经末梢丰富，对触摸和直接刺激做出回应，容易引起性唤起。主要的性感区有会阴、乳房、嘴巴、耳垂、臀部和大腿，有时再加上脖子、腋窝和肚脐。当然，女性时装的性感区和触摸无关，女人用时装展示（或遮掩）这些敏感区。极端情况下，一切性感区都可能同时展露出来，或者像阿拉伯女袍那样全部遮蔽。但在大多数超级部落里，女装展示某些性感区，同时又遮掩另一些部位。另一种情况是，有些部位虽然遮掩却更显突出，其他部位则完全不予重视。

性感区移动律关注的是，随着时间的流逝和时尚的变化，一个部位的突出让位于另一个部位的突出。如果现代女性强调一个部位的时间太久，其吸引力就耗损，她需要一个新的超常震撼来唤起持续的注意。

近来，女性的两个主要性感区多半是遮蔽的，但又用各种办法来使之凸显。一是加衬垫或收紧以夸张其形状；二是尽可能暴露这些部位的肌肤。当暴露的部位上移到胸部时，领口异常低，因为暴露的部位远离臀部，裙子就加长。当人们感兴趣的部位变化时，裙子就变短，领口就上升。露脐装流行时，其他部位就遮蔽，甚至用裤子来遮掩大腿。

时装设计师的难题是，他们的超常刺激与基本的生物学特征相关。因为重要的性感区数量有限，他们的创新就受到严格的限制，他们不得不冒险搞一连串的轮回。唯有伟大的才俊方能克服这一轮回的困难，但头部总是可以发挥才干的地方。耳坠可以使耳垂突出，脖子可以挂项链，面部可以化妆。性感区移动律在这里也适用；值得注意的是，如果眼影特别突出，是浓妆，那么嘴唇就略淡而不那么突出了。

男装的轮回走的是另一条道路。近代男性关心的是展示地位，而不是展示性征。地位意味着休闲，最典型的休闲装是运动服。研究时尚的专家揭示了一个给人启示的事实，今天的一切男装都可以纳入"昔日运动服"的范畴。即使我们最庄重的礼服也可以找到运动装的根源。

男装的体制大概是这样运行的。在近代历史的每一时刻，总是有一种功能性突出的时装与上层社会的运动相联系。这种服装发出的信息是：你有闲暇和时间去从事这样的运动。把这种地位展示改变为超常刺激的办法是，不运动时，你也把这种时装当作日常服装穿，你通过多穿时装而强化你的地位。运动装发出的信号是："我很休闲。"没有能力从事这种运动的人穿上这样的休闲装以后，几乎也能发出这样的信号。过了一段时间，当这种服装完全成为日常服装以后，其影响力就不复存在。于是，另一种运动就成为追逐的目标，一种异常的服装随即出现。

18世纪时，英格兰乡绅喜欢打猎，借以炫耀自己的地位。他们穿一种适合打猎的前短后长的燕尾服，放弃了那种低平的软帽，换上像头盔的高顶大礼帽。这套服装成为上层社会的运动装备以后，它就迅速流传开来。起初，年轻人（赶时髦的人）把这套略加修改的猎装当作日常的服装，他们这样的装束即使不被认为是地道的丑闻，至少被认为是不知天高地厚。但随着时尚青年年龄的增长，这一时尚逐渐成为潮流，到19世纪中叶，高筒礼帽和燕尾服就成为普通的日常装束了。

高筒帽和燕尾服成为日常装束后，大胆者就要用新东西取而代之，他们想炫耀自己的超常休闲信号。其他可以追求的高级休闲运动有射击、钓鱼和高尔夫球，于是圆顶礼帽取代了圆顶高帽，花呢猎装取代了普通西服，软运动帽取代了软毡帽。20世纪以来，西服成了比较正式的日常装束，颜色更加灰暗。高筒帽和燕尾服配套的"晨装"转为正装，只留到婚礼等特殊场合了，也用作晚装了；但在晚间正式场合，普通西服也赶上正式晚装；燕尾略去，晚装就成为夹克套装。普通西服失去大胆的色彩以后，反过来必须让位给更加醒目的运动装。狩猎可能不再时尚，骑马仍然是炫耀高尚地位的运动，于是一轮新的时装潮又来临，骑马的夹克衫不久就被命名为"运动夹克衫"。具有讽刺意味的是，等它失去运动功能以后，夹克衫才获得这样的名字；它成了日常休闲的装束，直至今天。它正在静悄悄地潜入商务主管的服饰，在最大胆的着装者中，它入侵了最神圣的场合，夹克衫伪装成无尾礼服去赴晚宴了。

运动夹克衫成为普通服装后，圆领马球衫随即时髦起来。马球也是高级休闲运动，穿马球衫打马球感觉高人一等。不过，这一典型的高级服装已经失去其泼辣的魅力。于是，近年有人推出了一款丝绸版的马球衫，和正装的晚宴夹克衫搭配。年轻人闻风而动，猛攻时尚商场，争抢这款对正装发起攻势的运动衫。白天穿它也许已经失去冲击力，但晚上穿它还是能令人震撼。于是，这款丝绸的马球衫就流行起来了。

在过去的50年间，其他类似的潮流接踵而至。穿铜纽扣游艇衫的人也许从未离开陆地上过船；穿滑雪衫的人也许从未见过雪山。只要哪种运动高级、昂贵，这种运动的服装就会成为抢手货。在20世纪，休闲运动已不再时髦，取而代之的是到温暖的海滩去度假。第一波是到法国南部的里维埃拉，度假者开始模仿穿起类似当地渔民等穿的汗衫和衬衣。回家以后，他们将这些款式略加修改，借以炫耀他们昂贵的高级度假方式。旋即，各种新款的休闲服就撑破了市场。在美国，有钱有势的人购置乡间农场成为一时之尚，他们喜欢穿略经修改的牛仔服。于是，牛仔服立即成为时髦，从未踏足农场的年轻人穿仿制的牛仔服招摇。有人说，这是从西部片学来的，其实这不大可能，因为这样的打扮至今很时髦。然而，一旦上流社会的男性把牛仔服当休闲服穿，这一波时尚就到了巅峰，另一波新潮就要来临了。

然而，你可能觉得，这一切都不能解释年轻男子的奇装异服：他们打领巾、留长发、戴项链、扎头巾、戴手镯、蹬搭扣鞋、穿喇叭裤和袖口镶边的衬衫。

这些年轻人“修改”的究竟是什么时尚呢？少女穿超短裙没有任何神秘之处：除了性感区的转移外，这超短裙只不过是从男性时尚书里撕取的大胆解放的一页，她“偷”了男性日常运动服的时尚。20世纪30年代的网球裙和40年代的溜冰裙本来就是地地道道的超短裙，只不过有些大胆的设计师将其修改为日常的超短裙罢了。然而，招摇过市的年轻男性那一套奇异的打扮究竟是什么意思呢？回答似乎是，由于近年兴起的“青年亚文化”，需要一套与之相搭配的全新服饰，它要尽可能与令人讨厌的“成人亚文化”截然不同。在“青年亚文化”里，地位和金钱没有多大关系，和性感及男子气的关系显得更重要。结果是，青少年的服饰更像女装，这不是因为他们更女性化（那是老一辈的讥讽），而是因为他们更喜欢展示性感。不久前，展示性感主要是女性，如今男女两性都炫耀性感了。实际上，男性这一波新潮是向 18 世纪以前男装的回归，即使护阴袋回潮，我们也不应该大惊小怪。我们还可能看见男性化妆品的回归。很难说年轻男性用化妆品的时尚会流行多长时间，因为年龄稍长的男性不久也会起而仿效，他们已经对年轻人过分的张扬感到不满。年轻人回归孔雀展翅的傲慢，“青年亚文化”触痛了长者。男人性能力最旺盛的年龄是十六七岁。放弃休闲装，启用展示性能力的时装，这是年轻人最理想的武器。然而，正如我上文所言，大胆和赶时髦的年轻人也受制于岁月的沧桑。20 年后，他们或许当上了董事，已经开始谢顶，另一种“青年亚文化”又兴起了。届时，看看他们的所作所为、所思所想，那倒是蛮有趣的。

总之，我们今天穿的衣服几乎都是花样翻新以寻求刺激，都是用突然的新奇时尚以求震撼效果的尝试。今天大胆的服装，明天就普普通通，后天就陈旧过时了。我们很快就忘记了，今天的服装是从何而来的。穿晚礼服、戴高筒帽时，有多少人能够意识到，他们的服装是 18 世纪晚期的猎装呢？有多少穿深色西服的商人意识到，他们追求的是 19 世纪初期的运动装呢？有多少穿运动夹克衫的年轻人认为自己是骑手呢？有多少穿超短裙的少女认为自己是在打网球或溜冰呢？

震撼效果转瞬即逝。新款式迅速被广泛接受，需要另一个时尚取而代之并提供新的刺激。有一点我们可以肯定：今天时尚里最大胆的革新明天会受人尊敬，但新的反叛蜂拥而至来取代它时，它很快就僵化为纯粹的排场和架子了。凭借这个不断花样翻新的过程，时尚的极端样式、设计的超常刺激才能够维持强大的冲击力。或许可以说，需要是创新之母，但就时尚的超常刺激而言，我们还可以说，新奇是需要之母。

至此，我们考虑了寻求刺激的五条原理，其共同特征是增加个人的行为输出。此外，我们有时还需要反向的潮流。反向的潮流出现时，第六条即最后一条原理就起作用了。

6. 如果刺激太强，你可以减少对输入感知的反应，借以减少你的行为输出

这是一条削减刺激的原理。有些圈养动物觉得囚禁的生活可怕，感到压抑；新到的、换笼的动物感到紧张，与敌对的或不适合的动物同处一笼的动物尤其感到紧张。它们难以逃亡，也无法躲避，此时，它们就不得不堵塞外界输入的刺激。一个办法是蜷缩在墙角、闭上眼睛，这个办法至少可以关闭视觉刺激的通道。关闭外来刺激通道的更加极端的办法是过分、过久的睡眠（此乃生病时堵塞外来刺激的办法，人和动物均如此）。问题是，它们总不能永远蜷缩在墙角，也不能永睡不起。

活跃的时候，做一些“老一套动作”可以缓解紧张情绪。这是一些痉挛似的动作、反反复复的模式，包括摇晃、跳跃、摇摆或转圈。这些不断重复、相当熟悉的动作有纾解紧张的作用。重要的是，对刺激过度的动物而言，环境太陌生、可怕，所以任何熟悉的动作都有镇

静的作用，即使毫无意义的动作也是如此。这就像在陌生人成堆的聚会时，突然遇见一位老朋友。在动物园里，你能随处看见这种“老一套动作”。大象有节奏地摇晃；黑猩猩幼崽左右摇摆；松鼠跳来蹦去，就像在铁笼里表演的摩托车手；老虎在铁栏上摩擦鼻子，直至破皮流血。

有时，这些刺激过度的行为模式也可能在极端无聊的动物身上出现，这绝非偶然现象，因为刺激不足引起的紧张基本上和刺激过度引起的紧张是一样的。两个极端都引起不快，不安引起“老一套动作”的回应，动物拼命回到过去适度刺激的快乐生活，这就是寻求刺激的目标。

动物遭遇过度刺激时，同样依靠关闭原理。许多不同的刺激蜂拥而至、互相矛盾时，情况就难以忍受。如果能逃跑并躲避起来，那当然好，但我们在超级部落生活的责任相当复杂，这些责任成为我们逃避的障碍。我们可以闭上眼睛、堵住耳朵，但这不足以解决问题。

最后，我们诉求人为的辅助手段，我们服用镇静剂和安眠药（服药过量时，我们就永远与世隔绝了），过量饮酒，还用其他药物。这是寻求刺激的一种变异形式，我们称之为“化学助梦法”。为了理解这种辅助手段为何能起作用，我们不妨仔细看一看自然成梦的机制。

常态的、夜晚做梦的机制大有好处，使我们能够分类储存前一天混乱的信息。试想办公室忙得一塌糊涂的情景，堆积如山的文件，文书和便笺纷至沓来，终日不断。写字台上成堆的文件无法清理。人们跟不上输入的信息和材料。没有时间在下班之前把文件归档，下班以后办公室还乱得一塌糊涂。第二天上午，新一轮的文书和信息洪流又扑面而来，局面很快就难以收拾了。

如果白天的刺激过度，大脑就塞满了新的信息，而且这些信息互相矛盾、难以分类；于是，我们就寝时的心烦意乱就像下班时的办公室一样乱糟糟。不过，我们比白天过度劳累的机关人员幸运。夜间，有人进入我们的大脑来清理信息，分类归档，准备迎接第二天汹涌而至的信息。大脑的这个工作机制叫做梦。睡眠可以使身体休息，但辗转反侧就得不到休息，如果清醒，就不能入梦。由此可见，睡眠的首要功能是做梦，而不是休息肢体。我们睡觉是为了做梦，我们晚间多半在做梦。如果新的信息分类归档完毕，我们一觉醒来时就头脑清醒、精神抖擞，准备迎接新的一天了。

如果白天太忙乱，刺激过度，普通的做梦机制将经受严峻的考验。这就可能导致对麻醉剂的依赖，以及危险地依靠化学药物的安眠。在化学药物诱发的昏睡里，我们朦朦胧胧地希望药物可以模拟类似梦境的睡眠。药物对关闭混乱的信息通道有用，但似乎不能给信息分类归档，药物没有这样的积极功能。药效过后，暂时的消极解脱荡然无存，问题如故，甚至还可能产生化学依赖的负效应。

另一种变相的做梦是“禅定助梦法”，靠禅定、瑜伽等手段达到类似梦境的状态。瑜伽、伏都巫术、催眠术以及某些巫术和宗教活动都可以关闭信息，使人进入恍兮惚兮的状态。这类活动常常是有节奏地重复动作，或口中念念有词，或肢体反复运动，由此进入脱离外部刺激的境地。如此，大量矛盾的信息输入就减少，刺激过度的情况就得到舒缓。这种禅定式梦境与化学药物诱发的梦境颇为相似，但迄今为止，我们对其机制知之甚少，它们如何与正常做梦一样有积极的好处，我们并不了解。

如果人类动物不能逃离长时期过度刺激的状态，他就会生病，身心的疾病。抑郁症、神经衰弱的幸运者可能会不治自愈。由于他失去了活跃的能力，他被迫封堵大量的信息输入。他的病床可能会成为他避害的藏身之地。

有些人知道，自己特别敏感于刺激过度，他们体内常有一种预警信号。旧伤、扁桃体炎、牙痛、皮疹、痉挛都可能复发。他们有这些轻微的老毛病，其实，这些信号是老朋友，而不是老冤家，因为它们发出的警报是，你做事情“过分热心”，如果想避免生病，最好是放慢节奏。但人们常常接受忠告去“治愈”这些小毛病；不过即使接受治疗，他们也不用担心会失去这些预警的好处，新的预警信号不久就可能代替旧的预警。在医学界，这一机制有时被称为“转移综合征”。

现代超级部落人难以承受刺激过度的状况，这不难理解。作为一个物种，起初我们非常活跃，非常喜欢探索，这和特殊的生存需要有关系。我们的狩猎猿祖先承担着艰难的角色，我们特殊的天性即由此而来。如今，虽然环境在很大程度上已受人控制，但我们承载着祖先古老的习性，那就是高度活跃和探索的生活。到了如今的社会发展阶段，我们可以更多过久地躺倒休息了，但我们根本就不可能卸下身上的担子。相反，我们不得不去寻求刺激。于是就出现这样的局面：每当我们觉得刺激过度、活跃过度时，或者感觉刺激不足、活跃不足时，我们就转向，就偏离这个那个痛苦的极端，并回归令人愉快的中庸之境，那就是最佳刺激与最佳活动相结合的境界。成功者坚持走中间路线，其他人在两侧来回摇摆。

一个缓慢的适应机制有助于我们在超级部落里生活。乡间人过着安静与平和的生活，能忍受活跃程度低的节奏。如果繁忙的都市人突然过这种安静与平和的生活，他很快就可能感到沉闷得难以忍受；如果乡间人突然进入忙乱的城市生活，他很快就会感觉到令人压抑的痛苦。城市人最好到乡间去度一个平静的周末，那是减少刺激的好办法；乡间人最好到城里去玩一天，那是很好的刺激因素。这符合寻求刺激的平衡原理；但如果他们换环境生活的时间太长，平衡也可能被打破。

我们比较同情不适应过度忙碌的人，却不太同情过分清闲的人，这一点很有趣。我们讨厌穷极无聊、无所事事的人，却不大讨厌疲惫不堪、负担过重的人。两种人都未能有效地解决寻求刺激的问题。他们都可能容易动怒，对劳累过度而发脾气的人，我们是很体谅的。原因在于，把忙碌的程度提高一点是推进我们文化发展的重要因素之一。富有强烈探索精神且略微过分的人将成为伟大的革新者，他们将改变这个世界的面貌。那些虽努力寻求刺激但寻求更加平衡、更加成功方式的人当然也有探索精神，但他们推出的往往是旧主题的新变异，而不是全新的主题。他们可能是比较愉快、比较适应环境的人。

你也许还记得，我在绪论里就开宗明义地指出，游戏的赌注会越来越大。我们拿生活的幸福来做赌注，在极端的情况下，我们所下的赌注是我们精神的健全。根据这一标准，我们可以说，探索过度的革新者相比而言并不那么幸福，他们甚至有精神疾患的趋势。如果记住寻求刺激的目标，我们就应该能够预料，虽然这些革新者的成就比我们大，但他们的生活并不轻松，他们不会感到满意。历史为我们证明了这个道理。有时，我们对他们的感激之情表现为特别的宽容，我们原谅他们的喜怒无常和古怪行为。我们的直觉是，这是他们寻求刺激失衡时的必然结果，他们没有找到使刺激强度平衡的生活方式。然而，我们在下一章将要看到，我们并非总是那么善解人意的。

第七章

永不泯灭的童心

在许多方面，儿童的游戏和成人“寻求刺激的斗争”有相似之处。孩子的父母呵护他，解决了他的生存问题，所以他有大量的剩余精力。游戏有助于他燃烧多余的能量，但两者确有不同之处。我们看到，成人用各种方式从事“寻求刺激的斗争”，其中之一是发明新的行为模式。游戏时，这一要素特别有力。对成长之中的儿童而言，他的一切行为都是新的发明。面对环境时，儿童的天真烂漫或多或少迫使他纵情于无休止的创新。一切都新奇，每一场游戏都是一个发现之旅：发现自己、发现自己的能力和周围的世界。发明未必是他游戏的具体目标，但发明是游戏的主要特征，也是其宝贵的馈赠。

童年时代的探索和发明一般是鸡毛蒜皮、转瞬即逝的，这些探索和发明本身几乎没有意义。然而，如果探索和发明的运行机制、好奇的意识、追寻、发现和检验的冲动不随着年龄的增长而淡化，如果它们继续支配成人“寻求刺激的斗争”，使报偿比较少的其他选择黯然失色，那么，探索和发明就取得了一次重大的战役胜利：创新战斗就打赢了。

许多人对创造性的秘密感到不解。我认为，本质上，创造性只不过是儿童的探索和发明在成人生活里的延伸而已。儿童提新问题，成人回答老问题；童心未泯的成人寻找解决新问题的答案。儿童善于发明；成人善于生产；童心未泯的成人善于创造性地生产。儿童探索环境；成人组织环境；童心未泯的成人组织探索，使探索有序进行，加强探索的力量。他在创造。

这一现象值得我们更仔细地探索。如果一只黑猩猩幼崽（或一位幼儿）被放进一个房间，里面只有一件熟悉的玩具，那么只玩一会儿，它就失去兴趣了。如果给它五种熟悉的玩具，它拿起第一种来玩，然后玩第二种，一个接一个玩下去。回到第一种时，原来熟悉的玩具就显得“新鲜”，值得再玩了。如果与此相比，给它的是一件不熟悉的新奇玩具，这一玩具就会立即引起它的兴趣和强有力的反应。

这种“新玩具”反应是创造力的第一要素，但仅仅是成长过程的一个阶段。我们这个物种强烈的探索冲动驱使我们去研究新玩具，并且千方百计地对其进行检验。一旦完成探索，不熟悉的玩具就成为熟悉的东西。此刻，我们的创造力将起作用，我们将利用新玩具或从中学到的东西来提出并解决新问题。我们从不同的玩具获得并充实经验，如果我们从中学到起初不知道的东西，那就可以说，我们获得了创造力。

例如，如果小黑猩猩被放进的房间里只有一把椅子，它首先查看这个物体，拍一拍，打一打，咬一咬，嗅一嗅，翻上爬下。过一会儿，这种随意的活动让位于结构更加明晰的活动模式。比如，它可能会跳过椅子，把它当成鞍马。它“发明”了一只鞍马，“创造”了一种新的体操。它过去也跳过，但不完全像这种“体操”。它把过去的经验与新玩具的考察联系起来，创造了一种新的跳马动作。以后，如果给它提供更加复杂的器材，它就会在旧经验的基础上创造，把新要素融合进去。

这一创造力发展机制似乎简单明了，但它并非总能达到自己的预期。童年时我们都经历了探索、发明和创造的过程，但成年后最终达到的创造力水平却因人而异，颇有戏剧性的差别。在最坏的时候，如果环境的压力太大，我们就谨守熟悉的有效活动。我们不去冒新的风险。我们没有多余的时间或精力。如果环境的威胁太严重，我们宁可求稳而不会去冒可能后悔的风险：我们的求稳建基于经过验证的、可以信赖的、熟悉的常规。除非环境的形式发生了这样那样的变化，否则我们绝不会冒风险去做更多的探索。探索中有不确定性，不确定性是令人生畏的。只有两种事情有助于我们战胜恐惧，两者相反相存：一是灾难；二是大大增强的安全感。比如，一只雌鼠养一窝幼崽时，它承受着巨大的压力。它忙个不停地哺育、清洁和保护幼鼠，没有时间去探索。如果灾难降临，比如鼠窝进水或被摧毁，它将被迫在恐惧中探索。相反，如果幼鼠顺利长大，它囤积了大量的食物，压力就会减轻。处境更加安稳以后，它就能花更多的时间和精力去探索了。

可见有两种基本的探索：恐惧中的探索（panic exploration）和安稳中的探索（security exploration）。人类动物也有这两种探索。战争期间天下大乱时，人类的社群就被迫靠发明创造去战胜其面临的灾难。反过来，万事如意、百业兴旺的社群就可能具有高度发达的探索精神，依靠更加安全、稳固的地位去大展宏图。勉强度日的社群就很少甚至没有探索的冲动。

回顾我们这个物种的历史时，很容易看见这两种探索，正是它们使人能够在演化的道路上跌跌撞撞地前进。我们的祖先离开采食果子的舒适的林中生活，走进空旷的原野时，他们遭遇严重的困难。新环境的极端要求迫使他们去探索，不探索就死亡。演化成有效合作的猎人以后，他们的压力才略有舒缓，但还处在“勉强糊口”的阶段。这是个非常漫长的阶段，数以万年计，技术进步缓慢得不可思议，比如简单的工具和武器的微小进步也要以数百年计。

最后，原始农业慢慢兴起，我们的祖先能更多地把握自然环境以后，他们的处境才有所改观。农业特别成功的地方朝城市化发展，他们就迈过了一道门槛，进入了一个新的戏剧性境界，社会安全大大增强了。到了这一步，另一种探索汹涌而至，这就是安稳中的探索。于是，这种探索就产生了越来越令人震惊的发展进步，产生了更大的安全感，促进了更多的探索。

遗憾的是，这并非故事的全部。如果人类的全部历史一帆风顺，人类在文明中崛起就是更加令人高兴的故事。不幸的是，接踵而至的事情来得太快，正如本书从头至尾所示，成功和灾难的摆锤猛烈地来回振荡。因为我们释放出来的力量太多太大，我们的生物学装备难以对付这样的折腾，在利用我们伟大的社会发展和复杂局面时，我们常常滥用自己取得的成就。我们不能理性地应付超级部落赋予我们的超级地位和超级力量；结果，我们就遭遇层出不穷的更突然、更难以对付的灾难，前所未有的大灾难。超级部落刚达到繁荣的阶段，刚能够在安稳中探索，创造力美妙的新形式刚开始繁花似锦，大的灾难就接踵而至，暴君和侵略者就粉碎了脆弱的新社会结构，恐惧中的探索又大规模地卷土重来。每完成一种建设性的发明后，总有一种破坏性的发明接踵而至，如此反反复复，经历了万年之久，这样的反复还在进行中。给予我们核武器恐怖的是原子能的光荣，给予我们生物战恐怖的是生物研究的光荣。

在这两极之间还有数以百万计的人过着原始农耕的生活，他们像我们的先祖一样耕地。在少数地区，还生活着原始猎人。因为他们停留在“勉强糊口”的阶段，所以他们的典型特征是不进行探索。像幸存的大猿（黑猩猩、大猩猩和猩猩）一样，它们有发明和探索的潜力，但这样的潜力并没有得到开发。在圈养黑猩猩身上进行的实验表明，它们的探索潜能可以迅速得到开发：它们能开机器、画画、解答试验箱的问题。然而，在野生状态下，它们连遮风避雨的窝棚也不会搭建。对它们和原始的人类社群而言，“勉强糊口”的生存状况既不太难，也不太容易，这阻碍了他们的探索冲动。对我们其余的人而言，一个个极端接踵而至，我们的探索经常在极端的恐惧和极端的安稳之间跳来跳去。

不时之间，有些人回眸一瞥，用羡慕的眼光去看原始社群的“纯朴生活”，并开始希望，我们从来没有走出我们原始的伊甸园。有时，这些人还认真尝试把思想转化为行动。我们虽然很同情这些工程，但还是意识到，这些尝试困难重重。这些假性的原始隐居区有一些固有的缺陷，人为性就是最突出的缺陷。北美和其他地方都曾经出现过这样的社区，毕竟，这些参与者既尝试过超级部落的激情，也尝试过其恐怖。他们已经适应高水平的心理活动；在一定程度上，他们也已失去社会纯真，这个失去的过程已经不可逆转了。

起初，这些新原始人的生活一切顺利，但这是骗人的假象。真相是，回归纯朴生活的初期，人类动物园以前的成员遭遇到严重的挑战。从理论上说，他的新角色简单，但实际上充满了令人困惑的新问题。一群都市人建立假性原始社区的行为本身就是重大的探索行为。这种试验令人满意的地方是其假性的回归，而不是正式的回归；任何一位童子军都可以作证。然而，初期的挑战克服以后会发生什么呢？无论这个社群是偏远地区的乡间社群或穴居社群，或者是在城市里孤悬一隅、自我封闭的假性原始社区，答案都是一样的。幻灭感悄悄来临，孤独感开始袭击大脑，但大脑已经习惯了更高水平的超级部落生活。解决的办法是，要么这个社群崩溃，要么它动起来回归超级部落的生活。如果新的活动成功，这个社群很快就会发现自己加强组织、扩大规模了。不久，它又回归超级部落的激烈竞争。

在20世纪，保存真正的原始社群如澳洲原住民的生活是相当困难的，毋庸赘述，假性原始社群的维持则更为困难。面对无情扩展的人类动物园，即使传统上抗压性很强的欧洲吉卜赛人也逐渐屈服了。

这些想靠回归古朴生活而解除困惑的人面对着这样的悲剧：即使设法“去除”了高度活跃的大脑特性，他们生活在那种反叛的小型社群里时还是很脆弱的。人类动物园难以听任他们我行我素。他们要么被人利用去吸引游客，今天许多真正的原始人就是这样被人利用的；如果成了人家的眼中钉，人家就可能发起攻击，迫使你解体。既然难逃超级部落巨兽的魔掌，我们何妨尽可能利用它。

看来我们注定要过复杂的社会生活。既然如此，生活的诀窍就是，我们利用它，而不是让它利用我们。如果我们被迫过寻求刺激的生活，重要的就是挑选最有报偿的生活态度。正如上文所示，最佳的办法就是给发明和探索的原理赋予优先的地位，而不是无意之间去学那些逃避现实、困在死胡同里再也不能探索的人；我们要努力使自己的创造才能适应超级部落生活的主流。

每一位超级部落人都能自由挑选寻求刺激的方式，既然如此，为何他又不能更加经常地挑选创造性的解决办法呢？从理论上说，他海量的大脑潜能被闲置起来了，他拥有童年时代创造性游戏的经验，他理应喜欢挑选他自己的解决办法。在一切繁荣的超级部落城市里，所有的公民都是潜在的“发明者”。那么，为什么很少有人纵情于积极的探索创造？为什么其他人满足于享受别人的发明？为什么他们满足于简单的、创造性严格受限的游戏和运动呢？表面上看，他们都拥有必要的背景，可以成为童心未泯的人；既然超级部落像父母一样保护他们、爱护他们，为什么他们不能养成更强烈的儿童似的好奇心呢？

部分原因在于，儿童服从成人。强势动物竭力控制弱势动物的行为，这是必然现象。一方面，成人爱护儿童；另一方面，他们难免认为儿童是对强势地位的威胁。他们知道，衰老终将来临，他们不得不让位于儿童，但他们竭力推迟这一可怕日子的来临。因此，压制年轻人的创造性成为强大的趋势。当然，欣赏年轻人"新鲜眼光"的价值、赏识其创造性的趋势也起到矫正的作用，但这难以抗衡主要的趋势。等到年轻的一代成熟、其创造力迸发时，虽然这些成人可能童心未泯，但他们又背负着社会常规的沉重包袱。虽然他们尽力与这一包袱作斗争，但他们面对着一代年轻人的威胁，压制年轻人的机制再次抬头。从这个观点来看问题，只有那些童年经历非同寻常的人成年后才能够达到很高水平的创造力。这样的童年应该是如何非同寻常的呢？只有两种可能：一是高压的环境使成长中的儿童去反叛长者的传统（许多最伟大的创造型人才是所谓的问题少年）；二是没有环境压力，强制顺从的高压之手轻轻地落在儿童的肩头。如果儿童因创造性（其本质毕竟是反叛）而受到惩罚，成年后他就可能努力弥补失去的时间。如果他的创造性得到重奖，那么无论成年后遭到多大的压力，他都不会失去创造力了。两种异常的童年经历都对成人社会产生强大的影响，但有第二种经历的儿童成年后的创造行为受到的压制可能是比较有限的。

当然，大多数儿童的经历比较均衡，他们因创造性得到的奖惩比较适中；长大以后，他们的人格就具有中等程度的创造性，中等程度的顺应性。他们将成为比较老成的成年人。他们往往会成为读报人，而不是成为新闻人物。对童心未泯的成人，他们的态度是矛盾的，既欢迎其提供急需的新奇信息，又免不了心怀嫉妒。这种创造型人才既有人赞誉，也有人谴责，这使他们感到困惑，怀疑自己是否被社会接受了。

在鼓励创造精神方面，现代教育取得了长足的进步，但要完全摆脱压制创造的冲动，任重而道远。聪明的青年学生被师长视为威胁，这难以避免，老师们要有很好的自制力才能够克服这样的态度。教育体制的设计本来易于他们自制，但主导者的长者天性又使之难以自制。在目前的情况下，他们自制的能力业已使人惊叹。中学和大学的情况不太一样。在大多数中学里，老师凌驾于学生的态度是强势的、直接表达的，社会生活和精神生活上都是如此。老师用自己比较丰富的经验去压制学生比较强的创造力。他的脑子大概比学生的脑子僵化，为了掩盖他的弱点，老师就灌输大量需要的“刚性”事实。没有师生的争辩，只有单向的灌输。（情况在好转，而且有例外，但总体上依然如故。）

大学的情况为之一变。需要传授的“事实”更多，但它们并不那么“刚性”。学生拷问并评估这些事实最终提出自己的创建，这已在情理之中。但在大学和中学这两个阶段，始终有一股潜流，这股潜流和鼓励思想拓展没有关系，和部落身份的灌输倒息息相关。为了便于理解，我们必须看看比较简单的部落社会的情况。

在许多文化里，儿童到青春期时必须要接受给人印象深刻的成人礼。他们被带到远离父母的地方过集体生活。他们要经受磨难，常常受到折磨甚至伤害。他们要行生殖器的割礼，其他的磨难有刀割、火烧、鞭抽、蚂蚁叮咬，向他们灌输的东西包括部落的秘密。仪式结束以后，他们就被当作部落社会的成人了。

这些部落仪式和现代教育的仪式有何关系？明白其关系之前，重要的是先问：这些似乎伤害人的活动有何价值？首先，它们把成长中的儿童和父母隔离开来。此前，儿童痛苦时可以跑到父母跟前。行成人礼时，他们生平第一次忍受痛苦和恐惧，不能向父母求助。（成人礼由部落长者主持，严格保密，其他人不能看。）这有助于摧毁儿童对父母的依赖心，使他把对家庭的忠诚转向部落。此时，他分享部落的秘密，同时被赋予部落的身份，这就强化了忠诚部落的机制。其次，部落教育的情感体验刻骨铭心，没齿难忘。我们不可能忘记创伤经验比如车祸的细节，同理，行过成年礼的人至死不会忘记那可怕仪式向他灌输的秘密。在一定意义上，成年礼有意识地灌输创伤性教育。再次，成年礼绝对清晰地告诉他，虽然他将要进入长者的行列，但他扮演的角色是顺从的角色。长者驾驭他的强大力量也栩栩如生地留在他的记忆中。

现代的大中学校不大会用蚂蚁叮学生，但在许多方面，今天的教育制度和以前部落的成年礼显然有相似之处。首先，孩子离开父母，交给超级部落的长者即老师，由老师灌输超级部落的“秘密”。在许多文化里，学生穿校服，使之有别于他人，并加强学生对学校的忠诚。可能会鼓励他们接受一些仪式比如唱校歌。这里不会留下部落成年礼的磨难和伤痕。（日耳曼人决斗留下伤疤的习俗并没有推广开来。）然而，直到不久前，不那么严重的体罚还是长期流传，至少在一些学校里老师还在打学生屁股。像部落成年礼的割礼一样，打屁股始终含有性的味道，不可能和炫耀地位的性行为分离开来。

在老师不体罚学生的学校里，高年级的学生有可能接过“部落长者”的角色，折磨新生。“考验”的形式各地不同。比如，一所学校的新生必须要“吃草”，老生把一捆又一捆的草贴身塞到新生的衣服底下。另一所学校的新生要“吃石头”，就是要趴在石头上，让老生打屁股。有的学校搞“夹道欢迎”，新生在走廊里通过，老生排在两边用脚踢。再一所学校要“打夯”，老生抓住新生的手脚抛起来在地上砸，年龄多大就夯几次。另一种习俗是，新生穿校服的第一天，老生要在他们的身上拧几下，穿几件衣服就拧几次。在有些学校，迎新的折磨更加复杂，几乎到了部落成年礼那样的规模。即使今天，偶尔还可以看到这种迎新礼害死人的报道。

和原始的部落情况有异，在学校受到欺负的孩子本来是可以向父母抱怨的，现代超级部落里并没有阻止他告发的机制，但这样的事情很难发生，因为那会使告发的孩子受到羞辱。许多家长压根就不知道孩子在学校里遭受的折磨。让孩子与家庭疏远的习俗仍然以神奇的方式发挥着作用。

这些非正式的“进校礼”还保留在一些学校里。但近来，由于舆论的压力和老师思想的变化，公开打学生屁股的体罚已经消失。然而，公开的体罚固然正在消亡，思想上的折磨总是有替代办法的。现代教育体制始终贯穿着一种有力而威严的“超级部落成年礼”。“考试”一词就给人启示。考试在典型仪式的高压气氛中进行，学生与外界的联系切断，没有任何外来帮助。正如部落仪式一样，谁也帮不上忙。他们必须要独自接受考验。在其他任何时候，解答问题时，他们都可以查阅参考书，讨论难题；但令人惧怕的考试是个人必须经历的仪式，翻阅参考书、交头接耳都是不允许的。

考试有严格的时间限制，各种考试都挤在几天里或几周里，其“考验”就有增无减。这些措施的总体效果是造成相当大的精神痛苦，又使人想起原始部落成年礼的气氛。

大学层次的最后考试结束以后，学生“经受了考验”，成了超级部落成年社会的特殊成员。他们穿上精心设计的学位服，参加颁发学位证的仪式；而师长的服饰甚至更庄重，更富有戏剧性。

大学阶段一般是三年，从“成年礼”来看，时间相当长。有人觉得太长。远离父母的帮助，脱离家庭舒适的环境，考试的磨难又迫近，几个因素加起来的压力太大，常常使刚成年的学生受不了。在英国大学里，大约20％的本科生三年期间总有一些时候要向心理医生求助。有人受不了压力，自杀频频发生，大学生的自杀率比同龄组的非大学生高出3—6倍。牛津和剑桥的自杀率甚至高出7—10倍。

显然，我们描绘的教育“考验”无助于鼓励和拓展童年时代的玩耍、发明和创造的天性。和原始部落的成年礼一样，现代教育的“考验”的作用是灌输超级部落的身份。这种考验发挥着黏合剂的重要作用，创造才能的开发则完全是另一码事。

现代教育“考验”的另一个借口是，它们能够确保学生吸收当今时代海量的知识，舍此别无他途。诚然，今天的成人必须要掌握详细的知识和特殊的技能，然后才能自信地说有一定的创造性。而且，考试能防止作弊。再者，教育者还声称，必须要有意识地让学生感觉到压力，以考验其耐力和后劲。此外，成人生活的挑战构成很大的压力，如果学生在教育制度的考验中被压垮了，那正好说明，他大概不能承受毕业以后的压力。这些说法看似有理，但你还是感觉到，在教育仪式化程序的沉重践踏下，创造潜能可能会被压成齑粉。当然不可否认：当下的教育制度比以前的教育方法前进了一大步，经受了考验的学生在探索中获得了大量的营养。在今天的超级部落里，成功的童心未泯的成人比过去多。尽管如此，许多领域里仍然存在着令人压抑的气氛，人们从情感上抵制激进的创新观念。强势者鼓励小修小补的发明，即旧主题的新变异形式，但他们抵制产生新主题的重大革新。

试举一例，我们长期不断试图改进历史悠久的汽车引擎。到21世纪，汽车和引擎像马和马车一样过时的可能性是很大的。虽然可能性大，但这不是完全的定论；之所以如此，那完全是因为，目前汽车工业里最优秀的人才都忙于小的发明，他们对现存引擎性能做无足轻重的改进，而不是寻求崭新的东西。

成人探索行为里短视的倾向是一个标尺，可以用来衡量平安社会里的不安全感。也许，进一步深入原子时代以后，我们可能达到超级部落安全感的高峰，也可能跌入超级部落恐惧感的深渊；或许在那样的情况下，我们的探索、发明和创造的能力会进一步增加吧。

然而，这又谈何容易。近来，世界各国大学接二连三发生的事情足以为证。改进后的教育体制非常有效，许多学生不准备全盘接受师长的权威，而是抱怀疑的态度了。对此，社会没有思想准备，学生的挑战使人吃惊。结果，大群的学生吵吵嚷嚷抗议时，社会感到震怒，教育当局感到恐惧。忘恩负义啊！出了什么事？

如果我们不顾情面实话实说，答案不难找到：问题就出在教育当局正式灌输的思想之中。面对动乱时，他们必须要反思，那令人不舒服的后果是他们自作自受。这是他们自己的追求，他们对学生说："独立思考，多动脑筋，积极参与，努力创新。"接着，他们又自相矛盾地说："按我们的要求做，用我们的方式做，尤其重要的是遵守我们的规则。”

即使对昏聩的权威，道理也一望而知：学生越服从第一条告诫，就越忽视第二条告诫。遗憾的是，对不符合胃口的东西，人类动物很善于熟视无睹——正是这样的闭目塞听造成目前的许多困境。

当局号召学生更动脑筋更富创造性时，没有料到学生的回应竟然这样声势浩大，更没有料到会很快失控。他们没有意识到，自己鼓励学生的东西得到了强大的生物学本性的支持。他们错误地以为，才智和创新的责任感并不是年轻人大脑的固有属性，实际上，这些品格一直隐藏在大脑中，一有机会就会喷薄而出。

我在上文已经指出，旧派的教育制度竭力压制这些创新的品格，要求学生规规矩矩地服从长者制定的规章制度。他们把僵化的教条强加于学生，要求学生鹦鹉学舌、死记硬背，而创造力只能被迫孤军奋战，只能在特别聪明、孤立的个体身上冒出来。然而，创造力冲破罗网后，其价值则不容置疑，且最终产生当局如今积极鼓励的运动。以理性的态度看待这一运动时，他们发现，发明和创造的能力极大地推动了社会进步。与此同时，超级部落当局钳制社会秩序，这样的冲动深深扎根，使他们反对昔日曾经支持的趋势。当局更加顽固地坚守阵地，按照旧模式塑造社会；创造力是他们释放的，但他们塑造的模式又必然会抵制新的发明浪潮。于是，冲突就必然发生。

试验的情绪高涨时，当局最初的反应是宽容，觉得好玩。年轻一代攻击艺术、文学、音乐、娱乐和风俗，越来越大胆，于是当局采取谨慎的态度，与年轻人保持距离。然而，等到这一趋势进入更具威胁性的政治和国际事务时，他们再也不能宽容了。

各自独立、思想偏激的学生聚众闹事时，当局匆忙转向最原始的反应形式——镇压。青年知识分子得到的不再是长者在他们头上的拍打，而是挨警棍。不久，社会精心培育的活跃的人才遭受的就不再是压力，而是脑震荡了。

当局的教训显而易见：如果你不希望人们享受创新自由，你就不给他们这样的自由。年轻人不是愚蠢而懒散的动物，无须驱赶就会创造。他们本质上是喜欢创新的，外表上似乎慵懒，那是因为受到了自上而下的压力。当局对其创造力的回答是：持异见的学生要把精力放在积极的革新上，而不是消极的捣乱上。反过来可以说，这两种机制紧密联系，然而一旦受阻，积极的创新就可能退化为消极的捣乱了。

解决问题的秘诀在于，社会环境既要首先鼓励创新，又要能够尽量容纳创新。超级部落的规模在稳定地膨胀，人类动物园随之越来越拥挤，形势迫使人精心而富于想象力地规划。尤为重要者，政治家、行政官员和市政规划师要更加深刻地洞察人类的生物学需要，这应该是前所未有的洞察力。

越仔细研究当前的局势，我们就越是发现，情况令人震惊。好心的改革家和组织者忙忙碌碌，以改善生活条件为目标，从未怀疑其工作的价值所在。毕竟，谁能否认提供更多住宅、汽车、医院、学校和食品的价值呢？即使他们提供的商品有一点千篇一律，那也是无奈之举。人口增长太快，时间和空间有限，不可能做得更好。困难在于，一方面是那么多新建的学校爆满，那么多人决心以创新精神改变局势；另一方面，新的发展趋势又使惊人的革新越来越不可能实现。在日益膨胀、高度分割的单调一致中，新的发展必然偏爱琐细的办法，去解决寻求刺激的问题。如果我们不小心，人类动物园就可能越来越像维多利亚时代的动物园，囚禁的动物在笼子里痉挛、踱步。

有些科幻作家持悲观态度。在他们的笔下，未来个人的生活环境越来越单调一致、令人窒息，新的发展仿佛使进一步的发明停滞不前。人人都穿颜色单调的制服，自动化主宰环境。即使有新的发明，其功能也是收紧禁锢人脑的桎梏。

可以说，他们描绘的情景反映了想象力的贫乏，不过，其背后还有值得进一步研究的价值。在一定程度上，他们只不过是在夸大自己今天觉察到的情况。他们回应的是无情的增长，即所谓的“规划者的囚笼”。麻烦在于，医疗、卫生、居住条件和食品生产可以把越来越多的人塞进拥挤的空间里，而且还颇有效率，但社会的创新人才越来越步入歧途，偏重数量而不是质量。他们优先注重的发明是增加重复性的平庸的发明。高效的同质性优先，给人启示的多样性就位居其次了。

一位有叛逆精神的规划师说得好，两幢建筑之间的直行道可能是效率最高（且最廉价）的通道，但从满足人的需要来看，却未必是最佳的通道。人这种动物需要生活的空间领地，领地要有自己的特征：令人惊喜的、奇异的视觉刺激以及路标和建筑的个性。没有特色的领地毫无意义。整齐对称的几何图形大概有助于支撑房顶，有助于大型预制件拼装的房屋，但如果把这样的模式用于风景设计的层次，那就违反了人的天性。为何在蜿蜒幽深的乡村便道上徜徉会其乐无穷呢？为何孩子们不喜欢在整齐干净、无毒无菌、几何图形的操场上玩耍，宁愿到垃圾堆或废墟上玩耍呢？其道理就在这里。

目前建筑设计的趋势是极度简化，这一趋势很容易失控，并且容易被当作缺乏想象力的借口。除非与其他更复杂的表达比较，最大限度的审美表达才是令人激动的表达。然而，当其成为景观一霸时，后果就可能具有极大的破坏性。在人类动物园设计师的鼓动下，现代建筑设计奔向这一严重后果的趋势已经有一段时间了。一排排互相抄袭、千篇一律的高层公寓在许多城市里拔地而起，以应对膨胀中的超级部落人口的需求。他们的借口是清除贫民窟，但结果常常是制造新的超级贫民窟。在一定意义上，这样的高层公寓是最糟糕的选择，因为它们给人进步的错觉，造就傲慢的态度，扼杀了真正进步的机会。

更加明智的人类动物园在努力清除旧的猴笼。这些动物园的负责人看到人类动物的遭遇，他们意识到，墙上贴瓷片、改善下水道并不是真正的解决办法。面对雨后春笋般暴涨的人口，许多人类动物园的负责人缺乏远见。他们试验密集排列、千篇一律的住宅区，对这种后果的评估正在少年犯罪法庭和精神治疗的诊所里进行。对一些住宅区，精神治疗医师的建议是，进住高层公寓前，租户先请教心理医生，让医生评估，他们是否能够承受这种“美好新生活”的考验。

单是这一事实就足以警告规划师，向其揭示他们犯下的严重错误。然而，至今尚无迹象表明，他们在聆听这样的警告。面对自己规划的缺点时，他们的回答是别无选择；人越来越多，他们的任务就是给越来越多的人提供住宅。然而，别的选择是必须要找到的。都市建筑群的性质，必须要从头至尾重新审查。人类动物园里受到惊扰的公民必须要重获社会身份那种“村落型社区”的感觉。从空中俯瞰，真正的村落像有机的丛林，而不像计算尺画出来的几何图形。许多规划师孜孜以求的恰好是忽视这样的性质。他们不懂人类领地行为的基本需求。住宅和街道不是用来看着好玩的，不应该是僵死的碎片，而是要让人在其中活动。我们在领地上移动时，建筑环境的冲击应该是一秒一景、一分一景、一步一景，其模式应该随着每一条视线而发生微妙的变化。拐一道弯、开一扇门时，我们最不想看到的就是和刚才的空间一模一样的景观。然而，这正是我们常常看到的一景：建筑设计师站在制图板跟前，就像轰炸机机师寻找目标投弹一样，而不是把自己想象成在地面上移动的客体，他们不到自己设计的环境里去走走瞧瞧。

当然，重复单调、整齐划一的问题渗透到现代生活的各个方面。人类动物园的环境日益复杂，强化社会组织的危险日益上升。组织者竭力把人的行为塞进越来越僵化的框架里，其他的趋势则与之相反。如上所见，年轻人的教育水平越来越高，年纪稍长者越来越富裕；他们需要越来越多的刺激、冒险、激情和试验。如果现代世界不允许这样的趋势，明天超级部落的人就会以抗争来改变这个世界。他们训练有素，时间有余，有精力去探索抗争，而且有办法去抗争。如果他们发现自己陷入了规划师设计的囚笼，他们就会在囚笼里暴动。如果环境不允许创造发明，他们就会粉碎这个环境去重新建设。这是我们的社会面对的最大困境之一，摆脱这个困境是我们令人生畏的重大任务。

遗憾的是，我们往往忘记，我们毕竟是动物，既有独特的弱点，也有独特的优势。我们把自己视为白纸，可以书写任何东西，事实并非如此。我们来到世上时，就带着一套基本的指令——如果忽视或违背这套指令，我们就会使自己误入险境。

政治家、行政官员和其他超级部落领袖是称职的社会数学家，这还不够。迹象表明，未来的世界会越来越拥挤。所以他们还必须是优秀的生物学家。这是因为：在他们控制的黑压压一片的电线、电缆、塑料制品、钢筋水泥、砖头、金属和玻璃堆中，栖息着一种动物即人类动物，他是原始部落的猎人，乔装打扮成文明开化的超级部落公民，正在苦苦挣扎，试图使自己古老的遗传特征与超常的新环境协调一致。如果有机会，他还能想办法把人类动物园改造为宏伟的人类游乐场。如果没有这样的机会，人类动物园就可能演变成一所庞大的疯人院，就像19世纪拥挤、可怕的动物园一样。

对我们20世纪的超级部落人而言，展望未来颇为有趣。但对我们的孩子来说，那不仅是有趣的事情，等到他们成年以后承担把握时局的责任时，人类面临的问题无疑将是生死攸关的严峻问题了。

各章文献

《裸猿》撰写过程中，我参阅了许多著作，难以全部列举。比较重要的文献在此按章节和专题的形式列出，所谓重要者或在某一点上提供了重要的信息，或值得进一步参阅。更详细的书目见“主要参考文献”。

1 TRIBES AND SUPER-TRIBES

Home range of prehistoric man：Washburn and DeVore，1962.
Prehistoric man：Boule and Vallois，1957. Clark and Piggott，1965. Read，1925. Tax，1960. Washburn，1962.
Farming origins：Cole，1959. Piggott，1965. Zeuner，1963.
Urban origins：Piggott，1961，1965. Smailes，1953.
Mourning dress：Crawley，1931.

2 STATUS AND SUPER-STATUS

Behaviour of baboons：Hall and DeVore，1965.
Dominance patterns：Caine，1960.
Status seekers：Packard，1960.
Mimicry：Wickler，1968.
Suicide：Berelson and Steiner，1964. Stengel，1964. Woddis，1957.
Re-direction of aggression：Bastock，Morris and Moynihan，1953.

Cruelty to animals: Jennison, 1937. Turner, 1964.

3 SEX AND SUPER-SEX

Sexual behaviour: Beach, 1965. Ford and Beach, 1952. Hediger, 1965. Kinsey *et al.*, 1948, 1953. Morris, 1956, 1964, 1966 and 1967.
Masturbation: Kinsey *et al.*, 1948.
Religious ecstasy: Bataille, 1962.
Boredom: Berlyne, 1960.
Displacement activities: Tinbergen, 1951.
Monkey prostitutes: Zuckerman, 1932.
Feline display: Leyhausen, 1956.
Sexual mimicry: Wickler, 1967.
Status sex: Russell and Russell, 1961.
Phallic symbols: Knight and Wright, 1957. Boullet, 1961.
Maltese cross: Adams, 1870.

4 IN-GROUPS AND OUT-GROUPS

Aggression and War: Ardrey, 1963, 1967. Berkowitz, 1962, Carthy and Ebling, 1964. Lorenz, 1963. Richardson, 1960. Storr, 1968.
Races of man: Broca, 1864. Coon, 1963, 1966. Montagu, 1945. Pickering, 1850. Smith, 1968.
Racial conflict: Berelson and Steiner, 1964. Segal, 1966.
Population levels: Fremlin, 1965.

5 IMPRINTING AND MAL-IMPRINTING

Imprinting in animals: Lorenz, 1935. Sluckin, 1965.
Mal-imprinting in animals: Hediger, 1950, 1965 (zoo animals). Morris, 1964 (zoo animals). Scott, 1956, 1958 (dogs). Scott and Fuller, 1965 (dogs). Whitman, 1919 (pigeons).
Social isolation in monkeys: Harlow and Harlow, 1962.
Human infant bonding: Ambrose, 1960. Brackbill and Thompson, 1967.
Pair-bonding: Morris, 1967.
Fetishism: Freeman, 1967. Hartwich, 1959.

Homosexuality: Morris, 1952, 1954, 1955. Schutz, 1965. West, 1968.
Pet-keeping: Morris and Morris, 1966.

6 THE STIMULUS STRUGGLE

Zoo animals: Appelman, 1960. Hediger, 1950. Inhelder, 1962. Lang, 1943. Lyall-Watson, 1963. Morris, 1962, 1964, 1966.
Boredom and stress: Berlyne, 1960.
Aesthetics: Morris, 1962.
Bestiality: Kinsey et al., 1948, 1953.
Super-normal stimuli: Morris, 1956. Tinbergen, 1951, 1953.
Children's drawings: Morris, 1962.
Costume: Laver, 1950, 1952, 1963.
Cut-off: Chance, 1962.

7 THE CHILDLIKE ADULT

Chimpanzee curiosity: Morris, 1962. Morris and Morris, 1966.
Initiation ceremonies: Cohen, 1964.
School rituals: Opie and Opie, 1959.

主要参考文献

Adams, A. L., *Notes of a Naturalist in the Nile Valley and Malta* (Edmonston and Douglas, 1870).

Ambrose, J. A., 'The smiling response in early human infancy' (Ph. D. thesis, London University, 1960), pp. 1-660.

Appelman, F. J., 'Feeding of zoo animals by the public', in *Internat Zoo Yearbook* 2 (1960), pp. 94-95.

Ardrey, R., *African Genesis* (Atheneum, 1961).

Ardrey, R., *The Territorial Imperative* (Collins, 1967).

Bastock, M., D. Morris and Moynihan, M., 'Some comments on conflict and thwarting in animals', in *Behaviour* 6 (1953), pp. 66-84.

Bataille, G., *Eroticism* (Calder, 1962).

Beach, F. A., *Sex and Behaviour* (Wiley, 1965).

Berelson, B. and Steiner, G. A., *Human Behaviour* (Harcourt, Brace and World, 1964).

Berkowitz, L., *Aggression* (McGraw-Hill, 1962).

Berlyne, D. E., *Conflict, Arousal and Curiosity* (McGraw-Hill, 1960).

Boule, M. and Callois, H. V., *Fossil Men* (Thames & Hudson, 1957).

Boullet, J., *Symbolisme Sexuel* (Pauvert, 1961).

Brackbill, Y. and Thompson, G. G., *Behavior in Infancy and Early Childhood* (Free Press, 1967).

Broca, P., *On the Phenomena of Hybridity in the Genus Homo* (Longman, Green, Longman & Roberts, 1864).

Caine, M., *The S-Man* (Hutchinson, 1960).

Carthy, J. D. and Ebling, F. J., *The Natural History of Aggression*

(Academic Press, 1964).

Chance, M. R. A., 'An interpretation of some agonistic postures; the role of cut-off acts and postures', in *Symp. Zool. Soc. London* 8 (1962), pp. 71 - 89.

Clark, G. and Piggott, S., *Prehistoric Societies* (Hutchinson, 1965).

Cohen, Y. A., *The Transition from Childhood to Adolescence* (Aldine, 1964).

Cole, S., *The Neolithic Revolution* (British Museum, 1959).

Coon, C. A., *The Origin of Races* (Cape, 1963).

Coon, C. S., *The Living Races of Man* (Cape, 1963).

Crawley, E., Dress, *Drinks and Drums* (Methuen, 1931).

Ford, C. S. and Beach, F. A., *Patterns of Sexual Behaviour* (Eyre and Spottiswoode, 1952).

Freeman, G., *The Undergrowth of Literature* (Nelson, 1967).

Fremlin, J. H., 'How many people can the world support?', in *New Scientist* 24 (1965), pp. 285 - 287.

Hall, K. R. L. and Devore, I., 'Baboon social behaviour', in *Primate Behavior* (Editor: I. DeVore, Holt, Rinehart, Winston, 1965).

Harlow, H. H. and Harlow, M. K., 'Social deprivation in monkeys', in *Sci. Amer.* 207 (1962), pp. 136 - 146.

Harlow, H. H. and Harlow, M. K., 'The effect of rearing conditions on behaviour', In *Bull. Menninger Clin.* 26 (1962), pp. 213 - 224.

Hartwich, A., *Aberrations of Sexual Life* (After the *Psychopathia Sexualis* of Kraft-Ebing, Staples Press, 1959).

Hediger, H., *Wild Animals in Captivity* (Butterworth, 1950).

Hediger, H., 'Environmental factors influencing the reproduction of zoo animals', in *Sex and Behaviour* (Editor: F. A. Beach, Wiley, 1965).

Inhelder, E., 'Skizzen zu einer Verhaltenspathologie reaktiver Störungen bei Tieren', in *Schweiz. Arch. Neurol. Psychiat.* 89 (1962), pp. 276 - 326.

Jennison, G., *Animals for Show and Pleasure in Ancient Rome* (Manchester University Press, 1937).

Kinsey, A. C., Pomeroy, W. B. and Martin, C. E., *Sexual Behaviour in the Human Male* (Saunders, 1948).

Kinsey, A. C., Pomeroy, W. B., Martin, C. E. and Gebhard, P. H., *Sexual Behaviour in the Human Female* (Saunders, 1953).

Knight, R. P. and Wright, T., *Sexual Symbolism* (Julian Press, 1957).

Lang, E. M., 'Eine ungewöhnliche Stereotype bei einem Lippenbären', in *Schweiz, Arch. Tierbeilk.* 85 (1943), pp. 477 - 481.

Laver, J., *Dress* (John Murray, 1950).
Laver, J., *Clothes* (Burke, 1952).
Laver, J., *Costume* (Cassell, 1963).
Leyhausen, P., *Verhaltensstudien and Katzen* (Paul Parey, Berlin, 1956).
Lorenz, K., 'Der Kumpan in der Umwelt des Vogels', in *J. F. Ornith*. 83 (1935), pp. 137 - 213, 289 - 413.
Lorenz, K., *On Aggression* (Methuen, 1966).
Lyall-Watson, M., 'A critical re-examination of food "washing" behaviour in the raccoon', in *Proc. Zool. Soc. London* 141 (1963), pp. 371 - 394.
Montagu, M. F. A., *An introduction to Physical Anthropology* (Thomas, Springfield, 1945).
Morris, D., 'Homosexuality in the ten-spined stickleback', in *Behaviour* 4 (1952), pp. 233 - 261.
Morris, D., The reproductive behaviour of the zebra finch, with special reference to pseudofemale behaviour and displacement activities', in *Behaviour* 6 (1954), pp. 271 - 322.
Morris, D., 'The causation of pseudofemale and pseudomale behaviour', in *Behaviour* 8 (1955), pp. 46 - 56.
Morris D., 'The function and causation of courtship ceremonies', in *Fondation Singer Polignac Colloque Internat. Sur L'Instinct, June,* 1954 (1956), pp. 261 - 286.
Morris, D., 'The feather postures of birds and the problem of the origin of social signals', in *Behaviour* 9 (1956), pp. 75 - 113.
Morris, D., *The Biology of Art* (Methuen, 1962).
Morris, D., 'Occupational therapy for captive animals', in *Coll. Pap. Lab. Anim, Cent*. II (1962), pp. 37 - 42.
Morris, D., 'The response of animals to a restricted environment', in *Symp. Zool. Soc. Lond*. 13 (1964), pp. 99 - 118.
Morris, D., 'The rigidification of behaviour', in *Phil. Trans. Roy. Soc. London*, B. 251 (1966), pp. 327 - 330.
Morris, D. (Editor), *Primate Ethology* (Weidenfeld and Nicolson, 1967).
Morris, D., *The Naked Ape* (Cape, 1967).
Morris, R. and Morris, D., *Men and Snakes* (Hutchinson, 1965).
Morris, R. and Morris, D., *Men and Apes* (Hutchinson, 1966).
Morris, R. and Morris, D., *Men and Pandas* (Hutchinson, 1966).
Opie, I. and Opie, P., *The Lore and Language of School-children* (Oxford University Press, 1959).

Packard, V., *The Status Seekers* (Longmans, 1960).
Pickering, C., *The Races of Man* (Bohn, 1850).
Piggott, S. (Editor), *The Dawn of Civilization* (Thames and Hudson, 1961).
Piggott, S., *Ancient Europe* (Edinburgh University Press, 1965).
Read, C., *The Origin of Man* (Cambridge University Press, 1925).
Richardson, L. F., *Statistics of Deadly Quarrels* (Stevens, 1960).
Russell, C. and Russell, W. M. S., *Human Behaviour* (André Deutsch, 1961).
Schutz, F., 'Homosexualität und Prägung', in *Psychal. Forschung* 28 (1965), pp. 439 - 463.
Scott, J. P., 'Critical periods in the development of social behaviour in puppies', in *Pshchosom. Med.* 20 (1958), pp. 45 - 54.
Scott, J. P. and Fuller, J. L., *Genetics and the Social Behaviour of the Dog* (Chicago University Press, 1965).
Segal, R., *The Race War* (Cape, 1966).
Sluckin, W., *Imprinting and Early Learning* (Aldine, 1965).
Smailes, A. E., *The Geography of Towns* (Hutchinson, 1953).
Smith, A., *The Body* (Allen & Unwin, 1968).
Stengel, E., *Suicide and Attempted Suicide* (penguin, 1964).
Storr, A., *Human Aggression* (Penguin Press, 1968).
Tax, S. (Editor), *The Evolution of Man* (Chicago University Press, 1960).
Tinbergen, N., *The Study of Instinct* (Oxford University Press, 1951).
Tinbergen, N., *The Herring Gull's World* (Collins, 1953).
Turner, E. S., *All Heaven in a Rage* (Michael Joseph, 1964).
Washburn, S. L. (Editor), *Social Life of Early Man* (Methuen, 1962).
Washburn, S. L. and Devore, I., 'Social behaviour of baboons and early man', in *Social Life of Early Man* (Editor: S. L. Washburn, Methuen, 1962).
West, D. J., *Homosexuality* (Aldine, 1968).
Whitman, C. O., *The Behaviour of Pigeons* (Carnegie Institution, 1919).
Wickler, W., 'Socio-sexual signals and their intra-specific imitation among primates', in *Primate Ethology*, (Editor: D. Morris) (Weidenfeld & Nicolson, 1967).
Wickler, W., *Mimicry in Plants and Animals* (World University Library, 1968).
Woddis, G. M., 'Depression and crime', in *Brit. J. Delinquency* (1957), pp. 85 - 94.
Zeuner, F. E., *A History of Domesticated Animals* (Hutchinson, 1963).
Zuckerman, S., *The Social Life of Monkeys and Apes* (Kegan Paul, 1932).

译后记

“裸猿三部曲”中译本，从复旦到上海译文

2009年3月，复旦大学出版社的张永宏先生委托我翻译德斯蒙德·莫利斯的“裸猿三部曲”。彼时，《裸猿》已有6个中译本（大陆5本，台湾1本）。久负盛名的复旦选中我的译本，深以为幸。

次年3月，这套精装精印的三部曲面世，定价较高，却洛阳纸贵，且引起评论界的超常关注。4月，北京的《科学时报》、深圳的《晶报》、西安的《华商报》约我访谈，整版报导。7月14日，《南方周末》又刊发我的文章《“裸猿三部曲”的警世基调》，自此，复旦版中译本“裸猿三部曲”传遍媒体和书界。

2019年年底，上海译文出版社的刘宇婷小姐来电来信报告喜讯，准备再版我这个三部曲中译本，令人喜之不禁。何况《裸猿》还是50周年纪念版！

近日检索，发现豆瓣网的“裸猿三部曲”评分为8.6，很高。2020年3月3日上午11时，上中国知网以“参考文献”+“裸猿”进行检索，得15 878条结果。一路畅销的复旦版《裸猿》发行数万册，仍势头不减，令人瞩目，值得再版。

细察《人类动物园》第一版译文，又对照原文校订，细读慢校，

力求完美，凡是可以顺一顺的文字都予以订正。其中最重要的修订是：“转向攻击”改为“攻击转向”（redirection of aggression）”。

何道宽

于深圳大学文化产业研究院

深圳大学传媒与文化发展研究中心

2020 年 3 月 30 日

《裸猿》在中国的传播和影响

为节省篇幅，我们决定浓缩第一、二版序跋，加上对《裸猿》在中国传播的背景进行整理，特就我个人阅读、观察、翻译和传播《裸猿》及其作者德斯蒙德·莫利斯的体会，草就这篇短文。

我对德斯蒙德·莫利斯及其作品的理解有一个过程，要言之：结识 40 年，认知有加深。

1980 年 8 月，我有幸成为新时期首批留洋学者之一。受四川省高教局的派遣，我以交换学者身份在美国戈申学院（Goshen College）研修一年。刚到不久，在逛旧书店淘书时，一眼相中 *The Naked Ape*，爱不释手。这本另类的人类学畅销书非常惊人：封面上赫然一个裸体男人，封底文字惊世骇俗，迥异于我在国内接触的费孝通等人类学家和社会学家的作品。他竟然把人类当作动物来研究！同行的朋友怀疑其价值，我对此则坚信不疑。

1985 年，四川人民出版社推出大型“走向未来丛书”，激起滔天巨浪。以此为先导，神州大地掀起新学新知的狂潮。我翻译的《裸猿》第一版（天津百花文艺出版社，1987）就是其中一朵小小的浪花。

1990年代中期，一位好事者兴办“新语丝”网站，把我这个《裸猿》译本放在网上，供人免费阅读下载。彼时，诸如此类的侵权行为，难以究责，无可奈何。于我而言，这却如塞翁失马，意外促成了何译本《裸猿》的传播。

在接下来的十余年里，一共出了7个《裸猿》中译本（大陆6本，台湾1本）。2010年，复旦大学出版社购得“裸猿三部曲”（《裸猿》《人类动物园》和《亲密行为》）版权，希望由我操刀翻译。2019年，上海译文出版社有意再版我这个“裸猿三部曲”译本，2020年推出。这两套译本的问世已然并将继续推进生物人类学的发展。

为什么要引进莫利斯的《裸猿》？其价值何在？我在1987年版《裸猿》的译者序里做了简要的回答。这些论断依然有效，摘录在此，以飨读者：

“（1）作为权威的动物学家和生物人类学家，作者占有最新颖、最权威的素材。

“（2）清新、朴实的文字明白如话，精当、幽默的比喻引人入胜，强烈、鲜明的对比入木三分，使作品具有很强的可读性。

“（3）作品定名为《裸猿》是别具匠心的。对于这一点，作者在书末有一个很好的说明：对于人类的辉煌成就本来可以大唱赞歌，之所以未唱赞歌，是想给作品一种震撼人心的力量；在攻击性、领地欲、战争威胁、人口爆炸等问题上，仍然暴露出人的生物学属性；在强调文化的生物学基础方面，作者故意说了一些过头的话，故意给人以当头棒喝，故意给人一些失之过简、失之过偏的印象：这一切的目的都是为了冷静、严肃地思考当代（20世纪60年代）人类最紧迫的几个问题：人口爆炸、生态失衡、‘核’云压顶。

“（4）社会生物学、生物人类学和文化人类学迄今为止在国内几为空白，亟须予以介绍。关于社会生物学（人类社会行为的生物学基础），已有《新的综合》（收入“走向未来丛书”）引进。关于文化人类学，我们应尽快介绍美国人类学家霍尔（E. T. Hall）的四部曲……关于生物人类学，莫利斯的著作具有极大的权威性和代表性。

“（5）本书在物种水平上研究人类基本行为的生物学基础，《新的综合》在分子水平和基因水平上研究人类行为的生物学基础，两本书构成互补的关系，参照阅读能收到相得益彰之效。

“（6）本书在纵横两根轴上进行博大精深的比较。在横轴上，作者以精湛的知识、广阔的视野、比较动物学的权威，对比了人类行为和动物行为尤其是人类近亲灵长类的行为，追溯其渊源、展示其联系。在纵轴上，作者以高屋建瓴之势，博采和综合从达尔文以来各家的结论和假说，提出独到的人类起源和人类演化的理论，其标新立异、首创精神感人至深，其新颖观点、精湛学识令人瞠目。”

《裸猿》是比较动物学的杰出代表，在绪论末尾，莫利斯写道：

“不考虑人类技术和语言的细节，只集中研究人类生活中与其他物种有明显可比基础的那些方面，诸如摄食、梳理、睡眠、争斗、交配、育儿等活动。面对这些基本的问题，裸猿的反应是什么？他的反应与猴类和猿类的反应有何异同之处？他在哪方面有独特之处？他的奇特之处与他的演化过程有何关系？

“研讨这些问题时，我意识到要冒风险开罪人。有人不愿意认认真真考虑自身的动物属性。也许他们认为，我用赤裸裸的动物语言来探讨这些问题，有损于我们人类的形象。对此，我只能向他们保证，我无意贬低人类。还有人会因为动物学家侵入他们的专业领地而愤愤不平。然而我确信，这种研究方法极有价值；它可能会有这样那样的不足，可是它对于揭示我们这个无与伦比的物种那纷繁复杂的本性，会给人以新的（在有些地方甚至是出乎意料的）启示，使人感到耳目一新。”

果不其然，中国读者的反应出奇得好。

2000 年 3 月，复旦版的“裸猿三部曲”引起评论界的超常关注。4 月，北京的《科学时报》、深圳的《晶报》、西安的《华商报》约我访谈，整版报导。7 月 14 日，《南方周末》又刊发我的文章《“裸猿三部曲”的警世基调》。自此，复旦版中译本“裸猿三部曲”传遍媒体和书界。

2020 年，上海译文版的“裸猿三部曲”在抗疫斗争中问世，必将引起更深刻的反响和反思：这套书描绘人与己、人与人、现代人与裸猿祖先的关系，这与“道法自然”颇多暗合。我们要善待自己、善待他人、善待动物，实现人与人、人与社会、人与动物、人与万物的和谐，实现“人类命运共同体”的愿景。

何道宽

2020 年 3 月 20 日

图字：09-2020-393号

图书在版编目(CIP)数据

人类动物园 / (英) 德斯蒙德·莫利斯
(Desmond Morris)著；何道宽译. —上海：上海译文
出版社，2021.3
(译文科学)
书名原文：THE HUMAN ZOO: A ZOOLOGIST'S STUDY
OF THE URBAN ANIMAL
ISBN 978-7-5327-8476-9

Ⅰ.①人… Ⅱ.①德… ②何… Ⅲ.①社会人类学—
研究 Ⅳ.①C912.4

中国版本图书馆CIP数据核字(2021)第019867号

人类动物园
[英] 德斯蒙德·莫利斯(Morris, D.) 著 何道宽 译
责任编辑/刘宇婷 装帧设计/柴昊洲 封面插画/Nicki

上海译文出版社有限公司出版、发行
网址：www.yiwen.com.cn
200001 上海福建中路193号
上海市崇明裕安印刷厂印刷

开本 890×1240 1/32 印张 7.25 插页 2 字数 134,000
2021年4月第1版 2021年4月第1次印刷
印数：0,001—18,000册

ISBN 978-7-5327-8476-9/Q·016
定价：48.00元